Gitta Lambinet

Kleinkindkost vom eigenen Herd

Ein Handbuch

Fischer
Taschenbuch
Verlag

fischer alternativ
Eine Reihe des Fischer Taschenbuch Verlages
Herausgegeben von Rudolf Brun

15.–16. Tausend: Mai 1989

Originalausgabe
Veröffentlicht im Fischer Taschenbuch Verlag GmbH,
Frankfurt am Main, Januar 1986

Satz: Fotosatz Otto Gutfreund, Darmstadt
Umschlagentwurf: Peter Hajnoczky, Zürich
Druck und Bindung: Clausen & Bosse, Leck
Printed in Germany
ISBN 3-596-24105-7

Inhalt

Vorwort

Baby-Fertigkost oder Babykost aus der eigenen Küche?

Das Nachdenken über Ernährungsfragen ist wohl nicht die allgemein übliche Vorbereitung auf die Geburt eines Kindes. Meist gelten die Sorgen der Ausstattung mit Kleidung und Bettchen. Um dem Ereignis nicht ganz unvorbereitet gegenüberzustehen, besuchen viele Eltern auch noch einen Säuglingspflegekurs. Ernährungsfragen wurden bislang seltener besprochen. Die meisten Mütter gehen wohl davon aus, stillen zu können – ja, und dann ist das Baby schon so alt, daß es vom Erwachsenentisch mitessen kann. Sollte diese Kost dem Kind einmal nicht behagen, gibt es ein reichhaltiges Angebot von Fertigprodukten, die, wie die Hersteller versichern, aus besten Zutaten, besonders schonend und verdaulich zubereitet sind. Dieser Weg ist bestimmt der einfachste, sein Baby zu ernähren. Er vermittelt das Gefühl, daß alles richtig gemacht ist, und erfordert keine spezialisierten Überlegungen.

Ich selbst lehne Fertigkost jeglicher Art ab. Geschmack, Farbe und Konsistenz vieler Produkte sind mir unangenehm, und so nehme ich gern die Arbeit in Kauf, die das Herstellen eines Essens aus frischen Nahrungsmitteln bringt.

Dieses eigene Unbehagen gegenüber Fertigem oder Halbfertigem war auch der Grund, daß ich mich bereits während der ersten Schwangerschaft für Selbstgekochtes entschied. Die rationale Begründung wurde etwas später durch eine Pressemeldung bestärkt, in der über Hormonfunde im Babykost-Kalbfleisch berichtet wurde. Ich wollte daher, meinen eigenen Fähigkeiten vertrauend, mein Kind selbst bekochen und verwöhnen.

Problematisch wurde mein Entschluß, als der erwartete Stillerfolg ausblieb und ich sogleich mit der Beikost beginnen mußte.

Ratlos durchstreifte ich Buchgeschäfte, Reformhäuser, Verbraucherzentrale, befragte den Kinderarzt und auf dessen Anraten die Diätköchin der Kinderklinik – Preßsaft aus Biokarotten war mein erster Versuch, und dann baute ich meine Versuchsküche Woche für Woche weiter aus. Ich bekenne, daß Kochen für mich noch nie so aufregend war wie in den ersten Lebensmonaten von Angela.

Heute scheint es, daß der Versuch gelang. Unsere Töchter waren bislang nur selten krank, sie sind vital und essen meist mit gutem Appetit. Während dieser Kocharbeit machte ich mir immer wieder Notizen über die Rezepte, meine Beobachtungen und Erfahrungen. Ich bin sicher, daß meine Probleme auch in anderen Familien auftreten, wenn sich Eltern für eine eigene Ernährung entscheiden.

Die Rezepte sind alle in unserer Küche erprobt und wurden von Kindern und Mutter als gut befunden. Ich veranschlage ungefähr eine halbe Stunde Zubereitungszeit für beide Töchter. Unser Essen besteht aus zwei Gängen: Suppe und Hauptgericht oder Süßspeise, Hauptgericht und Nachspeise. Die Mengenangaben für die Lebensmittel sind meist für ein Kind berechnet. Manche Gerichte sind für Erwachsene und Kinder geeignet. Auch heute ist es noch machbar, sein Baby selbst zu ernähren, auch wenn in den meisten Familien die helfenden Hände von Großmüttern fehlen. Wir mußten ohne Omas auskommen. Doch die Kocherei für die Kinder war wohl der Teil der Arbeit, der uns am wenigsten belastete. Selbst bei Ausflügen und im Urlaub wiesen unsere »Elfen« die Gläschen hartnäckig zurück, dies minderte aber die Erholung nicht wesentlich.

Eines bekenne ich jedoch offen: Eine saubere Küche hatte ich während der Babyzeit unserer Töchter fast nie. Immer standen ein Fläschchen, ein Teller vom Bananenbrei, eine Glasreibe, ein eingeweichter Topf herum. Natürlich kann ich nicht wissenschaftlich nachweisen, ob meine Kost nährwertgünstiger ist als die der großen Hersteller, die mit modernster Technologie arbeiten. Doch ich bin sicher, daß der Nährstoffgehalt von sachgemäß zubereitetem Essen für ein Kind ausreichend ist. Nimmt es seine Mahlzeiten mit wirklichem Appetit auf, so ist dies ein Indiz dafür. Viele Eltern beschränken sich darauf, ihr kleines Kind durch hochwertige Gläschen zu ernähren. Später muß es sich wohl oder übel den meist nicht so vorbildlichen Eßgewohnheiten der Erwachsenen anpassen. Wer sein Kind vom Beginn selbst bekocht, wird die Probleme guter Ernährung viel bewußter erleben. Er wird sogar manche gute Sitte der Kleinkindernährung für sein eigenes Essen schätzen lernen. Wir lernten so, auch oftmals fleischlos oder fleischarm zu kochen, ohne daß wir etwas vermißten. Auch bürgern sich immer mehr Vollwertrezepte bei uns ein, biologisches Gemüse und Obst sind schon lange Gewohnheit.

Kurz gesagt, mir hat dieses Kochen viel Spaß gemacht, und ich habe auch das Gefühl, gut und vielleicht sogar besser als üblich gehandelt zu haben.

Probleme der Ernährung

Die Ernährung ist der wichtigste Faktor menschlichen Lebens. Sie ermöglicht den Aufbau und Erhalt eines Körpers, erhält die Körperfunktionen und liefert die Energie zur Erzeugung von Körperwärme und Arbeitsleistung.

Ernährung läßt sich in Zahlen definieren. So kann angegeben werden, welche Energiemenge in kj (Kilojoule) erforderlich ist, um eine halbe Stunde zu schwimmen, wieviel Gramm Eiweiß notwendig sind, um den Körper eines 60 kg schweren Erwachsenen zu erhalten, oder welche Menge Natriumchlorid (Kochsalz) für den Körper schädlich ist. Viele Nahrungsmittel, wenn verpackt, sind nach diesen Nährstoffen deklariert.

So gesehen scheint eine gesunde Ernährung ganz einfach, wenn sie nur in Zahlen aufgeschlüsselt ist. Doch damit ist noch nicht der individuelle Bedarf geklärt. Geschlecht und Lebensalter sind ebenso wichtige Faktoren der Ernährung. Ein Mann benötigt im allgemeinen eine größere Energiemenge zur Erhaltung der Körperfunktionen als eine Frau und ein Kind eine größere Menge Eiweiß in Relation zu seinem Körpergewicht als ein Erwachsener.

In der Praxis ist es meist nicht möglich, nach Zahlen zu kochen, doch lohnt es sich, zwischendurch seinen Nährstoffbedarf und Nährstoffverbrauch zu kontrollieren, um eine günstige Ernährung sicherzustellen. Dazu ist der Einsatz einer Nährwerttabelle hilfreich. Doch mehr als durch Zahlen und Fakten wird unsere Ernährung von Gewohnheiten, Zeitbedarf, Reklame und Geschmack bestimmt. Hierin liegt meist die Ursache für jegliche Art der Fehlernährung begründet: Ruhiges gemeinsames Essen wurde durch Schnell-Mahlzeiten in Stehlokalen verdrängt, zum deutschen Frühstück gehört unbedingt ein Marmeladenbrot, und äße man all das, was in der Werbung als lecker und nährstoffreich gepriesen wird, so hätte man außer Fetten und Kohlenhydraten wenig zu sich genommen und dabei unverhältnismäßig viel Geld ausgegeben. Die Zahlen auf der Rückseite der Verpackung sind wohl richtig, doch in der Darstellung führen sie oft zu falschen Schlüssen.

Ernährungsfragen werden heute mehr denn je diskutiert. Beschäftigt man sich dann noch mit den Schadstoffen in unseren Nahrungsmitteln, steht man verzweifelt vor der Frage, was nun noch eßbar und empfehlenswert ist. Vollwertkost und vegetarische Küche sind der neueste Ernährungstip, während vor Jahren noch von Eiweißmangel durch zu kleine Fleischportionen gesprochen wurde.

Eine gesunde Ernährung verlangt heute mehr Wissen und mehr Engagement. Da es sich lohnt, nicht nur die schadstoffbelasteten Nahrungsmittel der Massenproduktion zu verwenden, wird sich die Ernährung in Zukunft wohl auch teurer gestalten.

Die Probleme der Erwachsenenernährung wirken sich auf die Ernährung von Babys und Kleinkindern aus. Dies bedeutet, daß die Eltern heute mehr denn zuvor die Ernährung ihrer Kinder bewußt wählen und steuern sollten. Während die Erwachsenen sich meist nur schwer schlechte Gewohnheiten abgewöhnen können, lohnt es sich, das Kind frühzeitig zu gesunden Ernährungsformen anzuleiten und diese durchzusetzen, auch wenn alle Welt weiter »Riegelchen« und »Schnittchen« verzehrt. Natürlich ist mit diesem Bewußtsein keine gesunde Ernährung auf Lebzeiten garantiert, aber zumindest erhält der Körper in den ersten wichtigen Aufbaujahren das Erforderliche.

Bedeutung von Nahrungsmitteln und Nährstoffen

Dieses Thema will ich nur kurz umreißen. Wer genauere Informationen wünscht, kann diese in einem der zahlreichen Bücher über Ernährungslehre finden. Die Darstellung hier beschränkt sich auf Stichworte.

Tierische Nahrungsmittel

Ihre Hauptbedeutung liegt im Eiweißgehalt. Tierisches Eiweiß ist dem menschlichen Eiweiß am ähnlichsten und kann daher vom Körper gut resorbiert werden. Außerdem enthalten diese Nahrungsmittel auch ein Gefüge von anderen Nährstoffen, z. B. Leber und Eigelb Eisen, Fisch Jod, Milch Kalzium, Fette sowie Vitamine und Kohlenhydrate. Doch in der Regel sind Vitamine und Mineralstoffe hauptsächlich aus Pflanzen zu beziehen.

Pflanzliche Nahrungsmittel

Obst und Gemüse sind die Hauptlieferanten von Vitaminen und Mineralstoffen. Da die sterile Milch in einer Flasche nur wenig von diesen Stoffen und außerdem nicht in der für den Menschen erforderlichen

Vielfalt enthält, sind diese Nahrungsmittel als Beikost für die Gesundheit von großer Wichtigkeit.

Die Bedeutung der enthaltenen Zellulose sollte man nicht unterschätzen, da sie ein wichtiges Regulativ für die Verdauung bildet. Zucker erscheint hier in leicht resorbierbarer Form.

Getreideprodukte und Kartoffeln liefern dem Organismus hauptsächlich Brennstoffe in Form von Stärke. Naturbelassene Nahrungsmittel enthalten jedoch eine Vielzahl von Vitaminen, Mineralstoffen, Eiweiß und leichtverdaulichen Fetten. Dies begründet die Bedeutung der Vollwertkost. Nahrungsmittel aus ungeschältem Korn enthalten ein ausgewogenes Nähr- und Wirkstoffgefüge, während Weißmehle und geschälte Getreide nur noch den Mehlkörper, also Stärke, enthalten.

Die Nährstoffe

Eiweiß oder Proteine

Der Körper benötigt diese Stoffe zum Zellauf- und -umbau, zur Herstellung von Hormonen, Sekreten, Fermenten, Blut und Hirnsubstanz, wie auch für Stoffwechselfunktionen.

Haare, Haut und Muskelgewebe enthalten Eiweißsubstanz. Der Eiweißbedarf ist abhängig vom Alter, Geschlecht und Körpergewicht. Für einen Erwachsenen rechnet man täglich mit 1 g EW pro Körperkilogramm, für einen Säugling zwischen 0 und 6 Monaten etwa 2,5 g/Körperkilogramm.

Es gilt als erstrebenswert, die eine Hälfte mit tierischem Eiweiß zu decken, die andere aus dem Eiweiß der Pflanzen.

Eiweißhaltige Nahrungsmittel sind: Fleisch, Fisch, Ei, Milch, Quark, Joghurt, Käse, Kartoffeln, Hülsenfrüchte (Soja), Vollwertgetreide.

Fett

Es dient als Brennstoff. Die essentiellen Fettsäuren sind bedeutsam für den Stoffwechsel. Fette werden auch benötigt, um fettlösliche Vitamine dem Körper zu erschließen.

Fettreiche Nahrungsmittel sind: Öle, Butter, Sahne, Fett am Fleisch. Wurst, Käse, Speiseeis, Schokolade, Nüsse etc. enthalten »versteckte« Fette.

Kohlenhydrate

Sie befinden sich als Zucker und Stärke in den Nahrungsmitteln und liefern so hauptsächlich Energie. Die Zellulose ist dem menschlichen Körper nicht zugänglich und dient als Füll- und Ballaststoff. Nahrungsmittel: Zucker, Mehl und Getreideprodukte, Honig, Reis, Kartoffeln.

Vitamine und Mineralstoffe

Obst und Gemüse sind die wichtigsten Vitamin- und Mineralstofflieferanten in unserer Ernährung. Die Bedeutung dieser Stoffe, die nur in kleinsten Mengen in den Nahrungsmitteln vorhanden sind, ist vielfältig, z. B.:

Natrium erhält den osmotischen Druck.
Kalium ist notwendig für den Stoffwechsel.
Kalzium ist ein Baustoff der Knochen.
Jodmangel verursacht die Kropfbildung.
Eisenmangel führt zur Anämie etc.

Eigenschaften von bekannteren Vitaminen:

Vitamin-D-Mangel ist Mitursache für Rachitis.

Vitamin A (Karotin) wird auch Augenvitamin genannt. Sein Fehlen bedingt Nachtblindheit und Hautaustrocknung.

Vitamin B1 (Nervenvitamin) wird beim Kohlenhydratstoffwechsel benötigt.

Vitamin C, sein Fehlen löste einst den Skorbut aus, Vitamin C stärkt die Widerstandskraft gegen Infektionskrankheiten.

Wer sich genauer über die Zusammensetzung der einzelnen Nahrungsmittel informieren möchte, kann dies mit einer Nährwerttabelle tun. Sie ist einfach in der Handhabung und in jedem Buchgeschäft zu bestellen.

Die Ernährung von Säugling und Kleinkind

Der wichtigste Teil der Babyernährung ist die Versorgung des Kindes mit all den Stoffen, die der kleine Organismus in dieser Aufbauphase in besonderem Maße benötigt. Eiweiß als Aufbaustoff von Muskulatur, inneren Organen, Haut, Haaren etc. ist besonders wichtig. Milch (Muttermilch oder Fertigpräparate) liefern einen guten Beitrag. Später, bei geringeren Trinkmengen, wird Eiweiß auch aus Fleisch, Fisch, Eiern und Milchprodukten wie Quark, Joghurt und Käse bezogen. Hochwertiges

Eiweiß liefern auch Soja und in geringerem Maße Vollgetreide und verschiedene Gemüse.

Wichtig ist auch die Versorgung des Kindes mit Vitaminen und Mineralstoffen. Diese Stoffe sind besonders reichhaltig in Obst und Gemüsen zu finden und werden dem Kind durch Säfte, Obstbrei und Gemüsepüree zugänglich gemacht.

Fette sind in leichtverdaulicher Form in der Milch enthalten, in der Butterzugabe des Gemüsebreis, im Eigelb.

Kohlenhydrate werden in Form von Milchzucker, Fruchtzucker und Stärke zugeführt. Da der Energiebedarf des Babys noch recht gering ist, ist eine Zusatzversorgung mit Energiestoffen nicht notwendig, doch sollten auch diese Nährstoffe nur aus hochwertigen Nahrungsmitteln bezogen werden (Fette aus Butter oder Ölen mit hohem Anteil essentieller Fettsäuren, auch Vitamin F genannt. Vollwertige Nahrungsmittel, Obst, Gemüse, Kartoffeln, Getreide und zur geschmacklichen Verfeinerung etwas Honig).

Ernährungstheorien gibt es viele. Sie sind zeitbedingt und gesellschaftsabhängig. Auch die Baby- und Kinderernährung unterliegt diesen Erscheinungen; etwas Absolutes ist wohl nicht zu finden. So neideten die Nachkriegsmütter späteren Jahrgängen die komfortable Fertigkost, während heute der Trend zum eigenen Kochen geht. Begründet ist dieser Trend durch die verschiedenen Meldungen über Fertigprodukte (Hormonfunde im Kalbfleisch, versalzene Fertigkost, zuckersüße Tees etc.). Dieses Mißtrauen fördert bei vielen Eltern die Entscheidung, eigenverantwortlich zu handeln.

Bestimmt wird die Fertigkost aus ausgewählten Nahrungsmitteln sorgfältig zubereitet. Außerdem wird Fertigkost meist noch mit Vitaminen angereichert, um den hohen Bedarf dieser Stoffe mit kleinen Mengen decken zu können. Manche Wissenschaftler denken, ohne diese Anreicherung eine gesunde Ernährung nicht sicherstellen zu können, den Gegenbeweis kann ich nicht liefern, doch ist mir diese Theorie unangenehm.

Mir gefielen viele Produkte in Geschmack, Geruch und Konsistenz nicht, meine frisch zubereiteten Speisen empfand ich als appetitanregender, und so verhielten sich auch meine Töchter. Auch der gute Appetit ist ein höchst wichtiger Faktor, wohlschmeckendes Essen mobilisiert die Verdauung, also werden auch die Nährstoffe besser vom Körper erschlossen.

Mancher Autor empfiehlt für Kinder ab dem 6. Lebensmonat eine tägliche Portion Fleisch, Fisch oder Leber, während andere Fleisch und Wurst im ersten Lebensjahr völlig ablehnen. Erstere sehen nur so die Deckung des hohen Eiweißbedarfs sichergestellt, während die anderen fürchten, daß eine übermäßige Zufuhr tierischen Eiweißes die Kinder aggressiv mache.

Sicher ist, daß eine zu große Aufnahme an Eiweiß die Verdauung belastet. Unsere Kinder essen noch heute wenig Fleisch, Hackfleisch in Variationen findet manchmal Gefallen. Inzwischen schmeckt auch Fisch, hier verwende ich die im allgemeinen schadstoffarmen Sorten. Leber ist wohl auch beliebt, besonders in Form von Leberspätzle, und wäre wegen des hohen Eisengehaltes durchaus wertvoll, doch enthält eben dieses Organ auch besonders viele Schadstoffe. Manchmal gibt es ja die Gelegenheit, Leber von einem »Bio-Schlachttier« zu finden, und dann essen wir diese auch genüßlich.

Beliebt sind alle Arten von Milchprodukten. Ein Eßlöffel Quark in den Gemüsebrei, etwas Joghurt über Reis- oder Getreidegerichte wurde immer mit Freude verzehrt. Ebenso beliebt sind Eier. Wer etwas findig ist, bekommt sicher auch ein paar Eier von Freilaufhühnern mit guter Fütterung, die den Baby-Bedarf decken.

Die große Anzahl der Anhänger von Vollwertkost begründet sich wohl ökologisch, wie auch als Gegenreaktion auf die verfeinerte und überfeinerte Kost der letzten Jahrzehnte. Ich selbst empfinde Vollwertgerichte als eine angenehme Bereicherung auf dem Speisezettel, sie sind in der Zubereitung einfach, preisgünstig und werden besonders von den Kindern gerne gegessen.

Wer sich für das Selbstkochen für sein Baby entscheidet, übernimmt damit natürlich ein höheres Maß an Verantwortung als Gläschen-Eltern. Kochen gestaltet sich dann zu einer Tätigkeit, die Überlegung und einige zusätzliche Arbeit mit sich bringt. Man wird sich mehr um Ernährungsfragen kümmern müssen und den aktuellen Stand mitverfolgen müssen. Dazu ist bestimmt keine spezielle Ausbildung notwendig, wichtiger sind das Interesse an diesen Fragen und die Bereitschaft, auch etwas mehr Mühe in Kauf zu nehmen.

Während ich bei Gläschen-Eltern oft den Wunsch beobachte, das Kind möge sich schnell an der normalen Familienverpflegung beteiligen, empfinden Koch-Eltern mehr, daß diese Kostformen nur selten den Bedürfnissen des Kindes entsprechen. Sie sind bereit, auch über das erste Lebensjahr hinaus die kleine »Extra-Portion« zuzubereiten.

Mir erscheint auch die Versorgung mit Fertigprodukten recht teuer, wenngleich ich mir die Mühe des exakten Preisvergleiches nie machte. Der Preis allein sollte auch nicht der Grund für eine Selbstversorgung sein. Ich bin jedoch sicher, daß man für die gleiche Summe gute Ware in Ökoläden erhält; der Einkauf in diesen Geschäften wird somit zur Gewohnheit, die sicher auch über die Gläschenzeit hinaus weiter praktiziert wird. Man wächst so langsam in die Aufgabe einer bewußten Ernährungsweise hinein und findet dadurch auch Formen, die die Qualität der üblichen Kinderkost übertreffen. Nahrung wird als wichtiger Faktor für Gesundheit und Wohlbefinden bewußt.

Auswahl der Nahrungsmittel

Früher beschränkte sich die Ernährungslehre darauf, die Nährstoffe zu besprechen und Empfehlungen für die richtige Zusammenstellung der Nahrung zu vermitteln. Heute jagt eine Pressemeldung über Schadstoffe in Nahrungsmitteln die andere, die Hersteller von Fertigprodukten betonen den schadstofffreien Anbau des verwendeten Gemüses. Daraus sollten auch die selbstkochenden Eltern Lehren ziehen.

Gemüse aus dem Supermarkt, makellos und verführerisch, ist nur bedingt geeignet für die Baby- und Kinderkost. Nach den heutigen Erkenntnissen sind unser Obst und Gemüse durch Umweltsünden außerordentlich belastet, die Schadstoffe unserer Nahrung zeigen ihre Wirkung nicht sofort, doch muß mit Sicherheit mit Spätschäden gerechnet werden. Um dem Baby einen möglichst guten Start zu geben, sollte man solche Belastungen für den kleinen Organismus vermeiden; was für Fertigkosthersteller Standard ist, sollte auch den Eltern selbstverständlich sein.

Natürlich können wir keine schadstofffreie Ernährung sichern, doch sollte man sich für eine schadstoffreduzierte Kost einsetzen. Die Erkenntnisse heute sind bestimmt noch unvollkommen, meine Ratschläge resultieren aus der derzeit vorhandenen Literatur, und ich bekenne, daß es mir außerordentlich schwerfiel, Empfehlungen zusammenzustellen. Alles, was man über dieses Thema zu lesen bekommt, ist so erschrekkend, daß man sich verunsichert fühlt. Ich kann also nur den Weg aufzeichnen und erklären, der mir als der praktikabelste erscheint. Ich möchte ermuntern, dieses Thema mit Aufmerksamkeit zu verfolgen und neue Erkenntnisse in der eigenen Küchenpraxis zu verwirklichen.

Der Anbau von Bio-Gemüse wird heute immer populärer. In größeren Städten sind diese Produkte in Spezialmärkten zu kaufen, in Kleinstädten ist die Versorgung oft problematisch. Ich selbst war lange Zeit auf die Gemüseversorgung angewiesen; da wurde in Mengen gekocht und püriert, der Gemüsebrei in Eiswürfelformen eingefroren und später abgepackt. Wer einen eigenen Garten hat, kann evtl. eine Bodenprobe machen lassen und sollte auch nur dann seine Produkte verwenden, wenn der Garten nicht an einer verkehrsreichen Straße liegt. Wie hoch die Belastungen durch die Luft (Fabrikschlote etc.) sind, läßt sich nicht einfach feststellen, auf alle Fälle sollte daran gedacht werden. Bei der

Gemüsebeschaffung sollte man auch nicht die Nachbarn vergessen. Zu mir kamen oftmals Leute, die den Kindern etwas Obst oder Gemüse schenkten, »alles ungespritzt«. Viele Leute teilen heute diese Bedenken, und für ein Baby wird auf dem Dorf gerne etwas verschenkt.

Da Wurzelgemüse (Möhren, Rote Bete) besonders viel Schwermetalle aus dem Boden sammelt, ist es auch wichtig, die Ernährung des Kindes so vielseitig wie möglich zu gestalten. Natürlich wird der erste Preßsaft ein Möhrensaft sein, der erste Gemüsebrei ein Möhrenbrei, doch bald läßt sich auch ein Apfel oder eine Mandarine verwenden, den Möhren kann man auch ein Teil Blumenkohlröschen zusetzen. Die Verwendung von verschiedenen Nahrungsmitteln erscheint mir die beste Absicherung vor einem Zuviel einer bestimmten Schadstoffsorte. Außerdem wird so auch eine ausgewogene Versorgung durch Nährstoffe garantiert.

Pflanzliche Nahrungsmittel

Die Schadstoffe gelangen in die Pflanzen durch:

a) Überdüngung. Nitrate und Stickstoffdünger werden in großen Mengen auf den Boden gegeben, um den Pflanzenwuchs zu beschleunigen und das Ernteergebnis zu verbessern (z. B. bei Spinat, Rote Bete, Kopfsalat);
b) durch Pflanzenschutzmittel;
c) durch Schwermetalle. Diese gelangen von der Luft in den Boden.

Möglichkeiten der Schadstoffreduzierung:

a) Biologisch angebautes Gemüse ist in einigen Punkten schadstoffärmer als Gemüse, das in riesigen Monokulturen so schön und ertragreich wie möglich kultiviert wird.
Dies gilt jedoch nicht immer für den Nitratgehalt. Auch mit organischem Dünger kann zuviel Stickstoff in den Boden gelangen. Aus diesen Gründen ließ ich den früher zu beliebten Salatbrei bei meinen Babyrezepten weg. Auch der Einsatz von Rote-Bete-Saft sollte daher bedacht werden, bei Spinat sind kleinblättrige, nicht dunkelgrüne Sorten zu bevorzugen. Spinatessen ist also nicht länger die höchste Babytugend, fehlendes Eisen kann mit Eigelb, später mit Rohrzukkermelasse und evtl. nach Absprache mit dem Kinderarzt durch Eisenpräparate ausgeglichen werden.

Tierische Nahrungsmittel

Nach den heutigen Untersuchungen ist besonders Fleisch mit Schadstoffen belastet. Einerseits sind die Nahrungsmittel der Tiere bereits belastet, da die Schadstoffe nicht einfach ausgeschieden werden, werden sie im Tier gesammelt. Andererseits bedingt die Massentierhaltung den immer höheren Einsatz von Medikamenten, die dann wieder dem Menschen zugeführt werden.

Hormone im Baby-Kalbfleisch, Beta-Blocker im Schweinefleisch, besonders hohe Ablagerungen in den Innereien wie Leber und Niere, Hühnchenfleisch und inzwischen auch Rindfleisch, alles hatte schon mal seine Schlagzeile. Da bleibt einem fast nichts anderes übrig, als alles vom Baby-Kostplan zu streichen. Vielleicht hat man zwischendurch die Chance, ein richtiges Huhn aufzutreiben oder auch mal etwas Bio-Fleisch. Ein Gespräch mit dem Metzger ist hierbei bestimmt hilfreich. In Städten gibt es auch Läden, die solche Nahrungsmittel vertreiben.

Das Ei als Eiweiß-Lieferant für Kinder ist auch nicht mehr unbescholten, doch sind Freilaufhühner mit guter Fütterung bestimmt am leichtesten aufzutreiben. In der anthroposophischen Lehre werden Eier als Nahrungsmittel für Babys zwar auch nicht uneingeschränkt bejaht, doch enthalten diese außer leichtverdaulichem Eiweiß auch noch eine ordentliche Menge Eisen im Gelb. Um den Eiweißbedarf zu decken, ist schließlich auch nicht täglich ein Ei erforderlich, man spricht im allgemeinen von 2–3 Eiern wöchentlich.

Und Fisch? Jeder von uns weiß um die Gewässerverschmutzung, manche Süßwasserfische stammen heute aus Fischzuchtanlagen, was aber oft bemängelt wird. Im Buch »Chemie in Lebensmitteln« werden quecksilberarme Seefische empfohlen. Beispiele: Hering, Kabeljau, Makrelen, Sardellen, Sardinen, Schellfisch, Scholle, Sprotte, Wittling (Dorsch-Art).

Die Wurst, der Deutschen liebstes Nahrungsmittel und bei Kindern wegen der Feinheit beliebt, enthält außer Fleisch und Fett oft viele Zusatzstoffe.

Milch ist ein Nahrungsmittel, das aus der Kinderkost nicht wegzudenken ist. Doch auch bei der Milch gibt es inzwischen Bedenken. So empfiehlt »Chemie in Lebensmitteln«:

- Frische Vollmilch ist der H-Milch vorzuziehen. Vorzugsmilch oder Rohmilch ab Hof übertreffen auch diese.
- Bei den örtlichen Verbraucherberatungen nach der Abholweise der Milch anfragen.
- Bei schlechtem Geschmack oder Geruch (Verdacht auf Schadstoffe) zu einer Untersuchung geben (Adresse beim Gesundheitsamt).
- Milchprodukte wie Joghurt, Kefir, Quark etc. schneiden in den Untersuchungen recht vorteilhaft ab, gewarnt wird nur vor Magermilchjoghurt, wegen der Dickungsmittel. Quark und Frischkäse zeigen gute Werte.

Zusammenstellen der Gerichte

Ein Gourmet verlangt, daß sich in einem Menü kein Lebensmittel wiederholt. Er tut dies, um immer neuen Gaumenreiz zu haben, doch auch aus ernährungstechnischer Sicht ist diese Forderung durchaus vertretbar. Jedes Nahrungsmittel hat ein spezielles Nährstoffgefüge, eines enthält besonders viel Eiweiß, ein anderes Vitamin C, in einem dritten ist ein hohes Vorkommen von Kalzium. Alle Nährstoffe sind für den Körper wichtig, und ein wohlfunktionierender Organismus sollte möglichst jeden Tag ein reichhaltiges Angebot verschiedener Nährstoffe haben.

Wir können die Nährstoffe mit Hilfe einer Nährwerttabelle zusammenstellen, oder wir entscheiden uns für eine ganz praktische Lösung und leben nach dem Motto des Gourmets; wir gestalten unsere Ernährung so vielseitig wie möglich, mit möglichst vielen Nahrungsmitteln. Diese Empfehlung für die Erwachsenen gilt in besonders hohem Maße bei der Baby- und Kinderkost. Nur eine vielseitige Kost garantiert eine vollständige Ernährung und verhindert gleichzeitig Störungen, die durch die Anhäufung bestimmter Schadstoffe hervorgerufen werden.

Das hört sich nun schrecklich aufwendig an, ist in der Praxis jedoch einfach und wird schnell zu einer Gewohnheit.

Bei Babys gibt es meist keine Schwierigkeiten mit dem Essen, sie essen aus Hunger und sind geschmacklich noch nicht so sehr differenziert. Dagegen weiß ich von vielen Kindern, die im Babyalter gute Esser waren und später höchst wählerisch und stochernd vor den Mahlzeiten sitzen und zum Familienschreck werden. Für Kinder hat Essen nur wenig mit Vernunft zu tun. Sie essen, was spontan schmeckt, was eine schöne Farbe hat, aus Futterneid und vielen anderen, den Erwachsenen unverständlichen Motiven. Und die Portionen sind meist nicht so groß, wie sie ein Erwachsener einschätzen würde. Besonders bei solchen »Naschkatzen« ist es wichtig, daß die Nahrungsmittel gehaltvoll sind und mit kleinen, unterschiedlichen Speisen wieder etwas Appetit gemacht wird.

So geben wir jetzt mal ein Apfelschnitzchen, später ein Knäckebrot mit Honig, zum Mittagessen ein Süppchen und danach ein bißchen... Ganz schnell haben wir so eine Reihe von unterschiedlichen Nahrungsmitteln verwendet und damit auch sichergestellt, daß das Kind alle notwendigen Nährstoffe aufgenommen hat.

Natürlich liebe ich diese Art der Ernährung, da sie abwechslungsreich ist und meine Kinder gerne mitmachen, doch sie bringt auch Mehrarbeit und eine ständig benutzte Küche: Äpfel wollen geschält sein, auf dem Herd köchelt ein Süppchen, und um ein Knäckebrot zu richten, bedarf es der Butterdose und eines Messers, und Krümel gibt es auch noch. Viel einfacher wären Kekse aus der Packung oder Saft aus der Flasche, anstatt die Orangen selbst zu pressen. Die Gesundheit meiner Töchter tröstet mich jedoch über diese Mehrarbeit hinweg.

Hier nun einige Vorschläge aus meiner Praxis für Mini-Gourmets:

Frühstück	Milch, evtl. mit Kakao oder Honig Haferflocken-Müsli oder Cornflakes oder Brot mit Belag
Zweites Frühstück (und für den Kindergarten)	Eine kleine Scheibe Brot (ich bevorzuge Knäckebrot, damit die Portion klein ist) mit Butter und Mandelmus oder eine Scheibe mit mildem Käse oder etwas Streichwurst dazu Apfelschnitzchen und Rosinen oder ¼ Banane oder ein kleiner Pfirsich
Zum Mittagessen	Besonders im Winter wichtig: ein Glas frisch gepreßter Saft evtl. eine kleine Tasse Suppe ein Omelette mit Gemüse und Pellkartoffeln als Nachtisch: Kompott
Am Nachmittag	Kräutertee mit Traubenzucker Brot mit Marmelade oder ein kleines Hefegebäck
Zum Abendbrot	Milch belegte Brotschnittchen mit Trauben oder Müsli oder Obstquark

Nährwerterhaltung durch richtige Zubereitung

Sicher betonen Fertigkosthersteller mit Recht in ihrer Werbung die Frische der Nahrungsmittel und deren nährstoffschonende Zubereitung. Dies sollte die Selbstkocher nicht allzusehr erschrecken, mit etwas Wissen und Überlegung lassen sich bestimmt ähnliche Ergebnisse erzielen, vielleicht auch manchmal bessere.

Wer um die Empfindlichkeit von Mineralstoffen und Vitaminen weiß, wird auch Nährstoffverluste verhindern können. Mineralstoffe kommen in den Nahrungsmitteln als Salze vor. Wie jeder weiß, ist Salz wasserlöslich. So befinden sich nach unsachgemäßer Behandlung die Mineralstoffe im Wasch- oder Kochwasser. Auch verschiedene Vitamine (z. B. B1, C) sind wasserlöslich und werden leicht aus den Nahrungsmitteln ausgewaschen.

Außerdem sind Vitamine in ihrer Struktur so empfindlich, daß es noch eine Reihe von Möglichkeiten gibt, diese Stoffe zu zerstören. Vitaminverluste werden bedingt durch den Einfluß äußerer Faktoren, wie Hitze, (Luft) Sauerstoff, Metalle und Zeit.

Regeln zur Vitaminerhaltung:

1. Frische Nahrungsmittel verwenden, Lagerzeiten bringen Vitaminverluste.
2. Nahrungsmittel unzerkleinert kurz und gründlich in stehendem Wasser waschen, nicht im Wasser liegen lassen.
3. Beim Lagern zerstörende Faktoren wie Wärme, Licht, Sauerstoff ausschalten (Gemüsefach im Kühlschrank). Nicht in metallischen Gefäßen aufbewahren.
4. Gemüse nicht kochen, Dämpfen und Dünsten ist schonender.
5. Lange Garzeiten vergrößern die Vitaminverluste. Der Dampfdrucktopf verkürzt die Garzeiten, damit wird das Kochergebnis günstiger.
6. Speisen nicht warmhalten oder erneut aufwärmen. Kleine Mengen möglichst frisch vor jeder Mahlzeit zubereiten.
7. Um die fettlöslichen Vitamine resorbierbar zu machen, muß die

Mahlzeit etwas Fett enthalten, z. B. Fett aus dem Eigelb, etwas Butter zum Dünsten der Möhren.

8. Zur Anreicherung des gegarten Gemüses eignen sich einige Tropfen frischgepreßter Zitronen- oder Mandarinensaft oder sehr fein gewiegte Küchenkräuter. Vorsicht, Petersilie ist roh hart und wird nicht gerne gegessen.
9. Rohe Nahrungsmittel sind den gegarten überlegen, auch wenn diese schonend zubereitet werden. Ein rohes geriebenes Äpfelchen erfordert wenig Arbeit und ist bestimmt vitaminreicher als »Banane in Apfel« etc. Ebenso verhält es sich mit einem zerdrückten Pfirsich oder einer weichen Birne. Dies gilt jedoch nur dann mit Sicherheit, wenn das Ost auch unmittelbar vor dem Verzehr zubereitet wird.
10. Tiefgekühltes hat nachgewiesenermaßen weniger Nährwertverluste als Sterilisiertes. Bei sachgemäßer Zubereitung kann bei einem gesunden Kind der Vorrat aus der Tiefkühltruhe nützlich sein.

Die meisten Schriften warnen vor dem Gebrauch von Tiefgekühltem. Ich selbst arbeitete viel mit Gefrorenem und machte bei beiden Kindern keine negativen Erfahrungen.

Beim Tiefkühlen werden die Bakterien und Kleinlebewesen in den Nahrungsmitteln nicht abgetötet wie beim Sterilisieren, sie erliegen nur einer Kältestarre. Nach ihrem Kälteschlaf werden sie ganz besonders aktiv.

Die sachgemäße Handhabung ist vielfach beschrieben. Wer im Umgang mit der Tiefkühltruhe noch unsicher ist, tut gut daran, sich genauer damit zu befassen.*

* Mögliche Literatur: »Alles über Tiefkühlkost und Speiseeis« (Infoschrift von Langnese Iglo) oder: »Das große Gefrier-ABC«.

Süßigkeiten

Alle Kinder lieben Süßes, und da wir unsere Kinder lieben, geben wir ihnen, was sie lieben – Süßigkeiten! So erscheint es fast, beobachtet man all die Eis leckenden, Kaugummi kauenden und Riegel und Schnitten verzehrenden Kinder auf der Straße, in der Werbung, in Schulhöfen, bei Festen. Mich erfaßt bei diesem Anblick stets ein leichtes Grauen. Bislang kämpfe ich bei unseren Töchtern noch mit Erfolg gegen diese Begierden an, wenngleich ich Süßes nicht strikt verbiete. Jeder weiß, wie schädlich Süßigkeiten für die Zähne sind, daß sie den Appetit verderben, abgesehen davon, daß sie beim Stoffwechsel Vitamin B1 verbrauchen, gleichwohl erscheint es oft so, als ließe sich alles Kinderglück in ein Eis am Stiel packen.

Zugegeben, es ist nicht leicht in dieser Umwelt, den Kindern Süßigkeiten abzusprechen, zu schnell wissen die Kleinen, hinter welcher Verpackung sich solche Güter verbergen. Kindergeschrei kann unendlich nervend sein, wenn man nach einem anstrengenden Einkauf an der Kasse anstehen muß, doch einer findigen Mutter wird auch für diese Situation ein Trick einfallen. Ich halte immer eine kleine Dose mit Rosinen bereit, um so unbeschadet aus dem »Sturm« zu kommen.

Alles Süße von Kindern fernzuhalten ist in einer offenen Familie sicher nicht möglich und auch nicht erstrebenswert. Mancher kleine Kummer läßt sich so überwinden oder eine schwierige Situation leichter meistern, doch ist es wichtig, daß die Süßigkeiten von den Eltern ausgewählt werden, ihre Menge kontrolliert und ebenso der Zeitpunkt der Zuteilung ausgewählt wird.

Zu Hause lagern bei uns selten Süßigkeiten. Wenn man diese nicht sieht und nicht erreichbar weiß, wecken sie keine Begierde. Schokolade, die die Kinder geschenkt bekommen, halte ich unter Verschluß, zwischendurch gibt es mal ein Stückchen. Die weihnachtlichen und österlichen Schokoladenberge verwenden wir gerne gerieben auf einer Quarkspeise, einem Pudding oder auf Kuchen und Keksen.

Als Tröster und Freudenspender halte ich einen anderen kleinen Vorrat, der von meinen Kindern genauso geliebt wird und an dem auch kleine Gäste oder Kameraden aus dem Kindergarten gerne teilhaben: Ungeschwefelte Rosinen, Aprikosen, Zwetschgen, Bananenchips oder Fruchtschnitten gehen bei mir nicht aus. Eine Dose mit diesen Köstlichkeiten halte ich auch auf Spaziergängen oder bei Einkäufen bereit.

Dem Wunsch nach Süßem trage ich durch den täglichen kleinen Nachtisch Rechnung. Im Sommer gibt es Früchte und Beeren, manchmal als Obstsalat, ein Fruchtjoghurt oder eine Quarkspeise helfen oft, eine Speise zu vervollständigen, zwischendurch gibt es auch ein süßes Mittagessen wie Kaiserschmarren oder Grießschnitten nach einer Gemüsesuppe. Diese Lösung erwies sich bei uns als brauchbarer Kompromiß.

Natürlich wird das Geschmacksempfinden des Kindes auch durch die Kost geformt. Wer bereits als Baby mit zuckersüßem Brei gefüttert wurde, wird später schwerlich Spaß an Trockenobst empfinden. Zucker muß bei der Zubereitung der Speisen genauso geplant eingesetzt werden wie Salz und andere Würzmittel, nur so kann ein Früchtequark eine Entschädigung für ein versagtes Eis am Stiel sein.

Grundsätzlich sollte man darauf achten, daß Süßes nicht vor einer Mahlzeit gegeben wird. Die Süßigkeiten verdrängen für kurze Zeit den Hunger, und dann geht das Gejammer wieder los. Nach einer Mahlzeit wird auch eine geduldige Mutter nicht bereit sein, neu zu kochen – und dann wird mit Keksen weitergefüttert. So geschieht es leicht, daß ein Kind keine einzige vollständige Mahlzeit am Tag zu sich nimmt.

Ein kräftiges Frühstück ist der erste Schritt, um endlosen Naschereien entgegenzutreten. Natürlich frühstücken Kinder nicht gezielt wie Erwachsene. Nach einigen Schlucken »Kaba« und ein paar »Körnern« sind unsere Töchter oft schon satt und gehen wichtigeren Beschäftigungen nach.

Sind eine Stunde später die Schwestern ungelaunt und streiten sie ständig, ist das restliche Frühstück oft der beste Schlichter. Wieder etwas später gibt es eine kleine Zwischenmahlzeit, in Form eines Knäckebrotes mit Butter oder einem Stück Obst. Ähnliches bekommen sie auch am Nachmittag, nach einem Spaziergang, dem Schwimmen oder dem Kinderturnen. Nach solchen Aktivitäten scheinen ein Brot und einige Mandarinenschnitzchen beruhigend und entspannend zu wirken.

Diese Art der Ernährung ist zeitaufwendiger als das Abfüttern mit fertigen Süßigkeiten und Schnittchen. Sie verschafft aber ein gutes Gewissen, und darum ertrage ich es, wenn unsere Töchter staunend mit hungrigen Augen vor naschenden Kameraden stehen. Doch eine Spiel- und Tollstunde ist, auch für die Eltern, beglückender als ständiges Naschen, das mir oft als ein Ausdruck von Langeweile erscheint.

Getränke

Getränke aller Art dienen in erster Linie dazu, den Durst zu löschen. Liest man darüber in der Babyliteratur, so wird Milch als Nahrungsmittel eingestuft. Als Getränk zählen Kräutertees, stille Wasser etc. Wie groß die Flüssigkeitsmenge ist, die ein Kind täglich durch Getränke aufnimmt, wird wohl sehr verschieden sein. Beeinflußt wird diese Menge vom individuellen Umsatz, vom Klima und dem Wasseranteil der gesamten Nahrung. Unsere Kinder trinken sehr wenig, essen jedoch alles gern in Soßen, mit Süppchen, Kompott oder rohes Obst. Bestimmt ist dies der Grund, daß ich selbst nur selten einen Tee brauche und daß in der kalten Jahreszeit ein Schluck Saft zum Mittagessen ausreicht.

Kinder-Fertigtees wurden vor einiger Zeit ausführlich besprochen, und die meisten Hersteller verzichten seither auf die hohen Zuckermengen. Brüht man seine Teechen selbst, so stehen eine Vielzahl von Kräutertees und Kräutermischungen zur Verfügung, in jeder guten Drogerie oder im Reformhaus wird man auch beraten, welches Kräutlein die gewünschte Wirkung erzielt. Üblich sind Kindertees aus Fenchel, Kümmel, Kamille, Malve und Pfefferminz. Beschäftigt man sich mehr mit diesen Drogen, so läßt sich noch eine Vielzahl von Kräutern mit wünschenswerten Wirkungen finden. Wichtig ist auch hier der Geschmack.

Ob Kindern der Tee nun grundsätzlich ungesüßt verabreicht werden soll, wage ich nicht zu entscheiden. Für meine Kinder süße ich ihn je nach Situation mit Honig oder Traubenzucker. Da unsere Töchter nur sehr gezielt trinken, meine ich das verantworten zu können. Damit erhalten sie auch schnell verwertbare Energiestoffe, was in Streßsituationen dienlich sein kann. Bei Dauernucklern sollte man das Süßen besser unterlassen und vielleicht sogar zu den unschädlichen Kindertees greifen.

Getränke wie Bohnenkaffee und Bier gehören in keinem Fall zur Kinderkost. Mancher sieht darin erst mal einen Gag, und sehr bald fordert so ein Zwerg diese Getränke als sein Recht. Selbst eine kleine Menge Bohnenkaffee ist für diesen kleinen Körper verhältnismäßig zu stark und daher ungeheuer wirkungsvoll. Will das Kind unbedingt an dieser braunen Köstlichkeit partizipieren, ist Malzkaffee eine gute Alternative.

Dabei ist zu beachten, daß die tägliche Milchmenge nicht zu gering wird, da die Milch viele, für den kindlichen Körper wünschenswerte Nährstoffe in leicht verdaulicher Form liefert.

Aber nicht nur die Milch liefert einen wichtigen Nährstoff. Frische Säfte jeder Art ergänzen Mahlzeiten ebenso sinnvoll oder ersetzen in appetitschwachen Zeiten auch mal ein Essen.

Leicht herzustellen sind Säfte aus Zitrusfrüchten aller Art. Je nach Bedarf werden sie mit Traubenzucker oder Honig gesüßt, evtl. auch mal mit Instant-Haferflocken oder Müsli angedickt und bereichert.

Wer im Besitz einer Rohsaftpresse ist, kann schnell einen Gemüseersatz in Saftform herstellen. Apfel, Birnen, Möhren, Sellerie, Gurke, getrennt und gemischt, und vieles mehr, ergeben hochwertige Säfte, bei denen schon eine kleine Menge beachtliche Nährstoffmengen liefert, besonders, wenn sie frisch zubereitet werden. Auch hier lohnt sich ein Versuch, das wertvolle Getränk gut ans Kind zu bringen.

Eine weitere Möglichkeit des flüssigen Essens sind Milchmixgetränke. Zusammen mit einem Stück Brot ersetzen sie eine Mahlzeit im Sommer. Hierfür einige Rezepttips:

Säfte aus der Rohsaftpresse vermischen, möglichst im Mixer, Joghurt, Milch oder Buttermilch und Honig sowie Säfte aus Zitrusfrüchten beigeben.

Noch gehaltvoller sind Milchmischgetränke aus frischen Beeren. Hier werden die Früchte im Mixer zerschlagen. Sie bereichern das Getränk zusätzlich mit Ballaststoffen. In derselben Weise lassen sich auch Banane, geschälter Pfirsich, Aprikose, Kiwi etc. verarbeiten.

Würzen der Speisen

Das Würzen der Speisen spielt auch bereits in der Babykost eine Rolle. Natürlich werden hier nicht dieselben Gewürze in einer hohen Dosierung verwendet, wie dies bei Erwachsenen geschieht. Die ersten Gemüsebreie sollten aber abgeschmeckt werden und so auf ihren Geschmack geprüft werden. Ich bemühte mich immer, die Speisen so abzustimmen, daß sie mir schmeckten, auch wenn eine Geschmacksart neu war.

Üblicherweise werden diese ersten Speisen für das Baby mit einer Prise Zucker und einer Prise Salz gewürzt, andere Gewürze sind erst mal tabu. Doch warum sollte man sein Gemüse nicht mal mit etwas Zitronensaft, frisch gepreßt natürlich, servieren? Einige Tropfen ergeben bereits einen neuen Geschmack und reichern die Nahrung zusätzlich mit Vitamin C an. Im Winter bieten sich zum selben Zweck auch Mandarinen an, ihr Saft paßt gut zu den milden Gemüsegerichten, auch wenn sich dieser Vorschlag erst etwas fremd anhört.

Frische Kräuter bringen viel Veränderung in die Kost. Etwas Schnittlauch, fein geschnitten, Dill, ein paar Blätter Zitronenmelisse, etwas Estragon, fein abgestimmt, oder in Butter gedünstete Petersilie sind hierzu dienlich. Es empfiehlt sich, auch hier sehr behutsam vorzugehen, nicht alles Neue wird vom Kind mit Begeisterung aufgenommen, wie es die Eltern erwarten.

Später gab ich mit Erdnußmus, Frischkäse, Sahne oder Rahm dem Essen eine neue Variante. Erdnußmus und Frischkäse helfen auch, zu dünne Soßen etwas fester zu machen, die Sahne mildert den Geschmack bei herberen und streng schmeckenden Gemüsen.

Wichtig ist vor allem, daß der Salzgehalt der Speisen gering ist. Auch wenn ein Kind am Essen der Erwachsenen teilnimmt, sollte man dieser Gesundheitsregel Rechnung tragen, die Erwachsenen können ihre Speisen nach Belieben nachwürzen. Doch es kann auch eine Chance für die Familie sein, ihre Eßgewohnheiten mit Rücksicht auf das Kind positiv zu verändern.

Sinnvolle Vorratshaltung

Vorräte sind nur bedingt empfehlenswert, da die Nahrungsmittel durch die Lagerung an Nährwert verlieren. Bei den kleinen Mengen, die Babys und Kleinkinder essen, ist es wichtig, nur hochwertige Nahrungsmittel zu verwenden. Einige Nahrungsmittel auf Vorrat zu halten, verringert jedoch den Elternstreß wesentlich.

Vorräte für das Baby

a) Trockenmilchpulver für das Flaschenkind ist selbstverständlich. Bei ausgefallenen Präparaten gibt es auf Reisen Beschaffungsschwierigkeiten!
b) Andere Getränke: Ein oder zwei Fläschchen gepreßter Saft sind sinnvoll. Oft geht das Bio-Gemüse aus, und bei Ausflügen ist das Fläschchen einfacher in der Handhabung als Gefriertruhenvorräte.
c) Obst: Apfel und Banane lassen sich am besten lagern, im Winter auch Mandarinen. Mit diesem kleinen Obstvorrat läßt sich schnell ein schmackhafter Obstbrei herstellen. Angedickt mit Haferflocken oder Schmelzflocken und evtl. mit 1 El Joghurt erweitert, stellt er ein fertiges Mittagessen dar, das bestimmt mit Appetit gegessen wird.
d) Milchprodukte: 2–3 Becher Naturjoghurt oder Quark, zur Ergänzung von Obstbreien oder als schnell zubereitetes Essen mit etwas Marmelade oder gefrorenem Obstpüree.
e) Trockenprodukte: Schmelzflocken oder Instantflocken, letztere eignen sich gut, um die Speisen löffelgerecht anzudicken, Vollgrieß, Weizenschrot oder Weizenkörner, evtl. ein Baby-Fertigbrei oder -Müsli. Vorsicht bei allen Vollwertprodukten! Bei längerer Lagerung entschlüpfen ihnen oft Schaben und andere unliebsame Küchengenossen. Eine sorgfältige Überwachung der Produkte ist notwendig. Der Fertigbrei ist oft eine Hilfe, wenn man müde ist oder mit einem hungrigen Kind von einem Ausflug heimkommt. Die Baby-Müslis sind durchaus geschmacklich vertretbar, auch ist der Ballaststoffanteil größer als bei den Milchbreien.

f) Zum Süßen: Honig, billige Sorten enthalten nicht das Nährstoffgefüge, das bei Honig erwartet wird. Traubenzucker und Milchzucker eignen sich gegen Verstopfung.

Vorräte für das Kleinkind

a) Milch ist immer frisch zu besorgen, H-Milch nur in Notfällen verwenden. Kinder, die Frischmilch gewohnt sind, lehnen letztere oft ab.
b) Getränke: Teekräuter oder Fertigkräutertee, ungezuckert. In alten Büchern liest man oft von Malzkaffee mit Milch, Säfte und stille Wasser eignen sich zum Verdünnen.
c) Obst: Nach dem ersten Lebensjahr ist fast jedes Obst in Maßen bekömmlich. Vorsicht, wenn sich die Kinder selbst bedienen. Obst muß gewaschen sein, geschält, und viele Obstsorten wirken in größeren Mengen abführend.
d) Milchprodukte wie beim Baby.
e) Trockenprodukte werden erweitert durch Rundkorn-Vollreis, Hirse, kleine Nudelformen für die schnelle Küche, Backerbsen, Knäckebrot.
f) Süßigkeiten: Honig und Traubenzucker, Rosinen, Aprikosen, getrocknet und ungeschwefelt.
g) Fertiggerichte: Tütensuppen und Brühwürfel, eine Dose Lieblingsgemüse (Erbsen, Bohnen), evtl. eine Dose Ravioli oder ähnliches.
h) Hühnereier, sie helfen immer, ein schnelles Gericht herzustellen.

Arbeitssparende Geräte und Zubereitungsarten

Die Entscheidung, die Baby- und Kleinkindkost selbst zu gestalten, bringt eine Menge Arbeit mit sich, und es ist sinnvoll, diese so einfach wie möglich zu gestalten.

Da die Babykost fein zerkleinert werden muß, ist ein Zerkleinerungsgerät das erste, womit der Haushalt ergänzt werden sollte. Der Mixer einer Küchenmaschine erledigt diese Arbeiten; Äpfel, Bananen, Gemüsebrei und Kartoffeln werden zu feinstem Mus. Der Nachteil besteht darin, daß die kleinen Portionen sich in dem großen Mixaufsatz verlieren, was das Gerät schwer reinigen läßt. Sein Einsatz lohnt sich nur bei der Zubereitung von großen Portionen, die anschließend eingefroren werden.

Der Mixstab am Handrührgerät leistet für kleine Portionen denselben Dienst und ist leichter zu reinigen.

Für die Bananenbreie genügt eine Gabel, die Banane wird im Teller zerdrückt und geschlagen, in dem sie anschließend gefüttert wird.

Wird die Kost etwas grober, ist ein »Gemüse-Mouli« ein höchst nützliches Gerät. Er ist leicht zu reinigen und zerkleinert alles in dem gewünschten Feinheitsgrad.

Für die ersten Äpfelchen eignet sich besonders eine Glasreibe. Hier wird der Apfel so fein, daß sich dieses rohe Apfelmus gut gegen Durchfallerkrankungen verwenden läßt.

Wer schadstoffarmes Gemüse zur Genüge beziehen kann, sollte eine Rohsaftpresse anschaffen. Dieses Gerät wird zwar nur für relativ kurze Zeit benötigt, doch hilft es gerade einer jungen Familie, viel Zeit zu sparen. Es nützt den Saftgehalt des Preßgutes besser aus. Später wird es bei Krankheiten oder in appetitschwachen Zeiten wertvolle Dienste leisten.

Da meine Kinder nur sehr zaghaft rohes Gemüse akzeptierten, war ich über drei Jahre gezwungen, dieses gegart zu verabreichen. In dieser Zeit lernte ich meinen kleinen Dampfdrucktopf schätzen. Außer der Nährwertschonung verkürzt er den Kochvorgang so, daß jedes Kinderessen kurzfristig zubereitet werden kann. Auch diese Anschaffung halte ich für empfehlenswert.

Auch die Tiefkühltruhe bringt Erleichterungen, ist jedoch nicht erforderlich. Ist man im Besitz eines solchen Gerätes, wird man hier rohe Säfte, vorbereitetes Gemüse, Suppenbrühen, fertige Gemüsegerichte, Obstpürees, gekochten Reis, Grütze oder Klößchen bereithalten.

Im allgemeinen rät man für Babys von Tiefkühlkost ab. Ich selbst arbeitete sehr viel damit, da mir die Beschaffung von Bio-Gemüse oft schwerfiel. Später bewahrte ich so meine Gartenerträge auf. Bei der Zubereitung dieser Vorräte arbeitete ich besonders sorgfältig und machte keine negative Erfahrung bei unseren Kindern.

Alle Verpackungen müssen gründlich gespült und nachgespült werden, ein Überbrühen mit kochendem Wasser ist zusätzlich empfehlenswert. Säfte lassen sich sehr günstig in Einwegbehältern aufbewahren (Eiskugeltüten), Gemüsepürees fror ich in Eiswürfeldosen und verpackte sie anschließend in Tüten. Die Temperaturen des Gerätes müssen bei Schockgefrieren und Lagerung sorgfältig überwacht werden.

Tips für Eilige

Sieht man die Reihe von Rezepten in diesem Band, mag den Anfänger schon ein leichtes Grausen vor all der Arbeit packen.

Natürlich sind manche Gerichte etwas aufwendig, besonders bei der Kinderkost, wenn damit gleichzeitig für die ganze Familie gekocht wird. Ob man in die Hausmannskost einsteigen will, muß man selbst entscheiden, und dies hängt auch von der eigenen Routine in der Küche ab. Viele Gerichte sind jedoch gar nicht so zeitintensiv. Da mir für eine feine Küche im Augenblick die Zeit fehlt, konnte ich nur aufschreiben, was zeitlich nicht allzu anspruchsvoll ist. Es ist wichtig, einen Zeitplan zu machen. Reis und Getreidegrütze koche ich meist schon nach dem Frühstück, während ich Geschirr spüle. Nur das Gemüse bemühe ich mich unmittelbar vor der Mahlzeit zuzubereiten. Gerade die Getreidegerichte halte ich für günstig, da sich aus dem Rest immer noch eine Abwandlung kochen läßt. Kleine Reste sind sowieso hilfreich, geröstete Knödel, Eiernudeln, Maisfritten etc. sind beliebte Kinderessen. Auch Eiergerichte sind meist wenig zeitintensiv und nährstoffreich. Und fehlt die Zeit, reicht auch ein Obstquark aus. Kinder sind meist recht anstrengend, man sollte es daher vermeiden, sich durch eine zu große Gewissenhaftigkeit verwirren zu lassen.

Hilfe, wir essen auswärts!

Ein großes Problem für selbstkochende Eltern ist das Essen außer Haus. Eltern, die mit Gläschen arbeiten, haben schnell ein fertiges Menü in die Tasche gepackt, was sich oft sogar kalt verabreichen läßt. Selbstkochende Eltern können ganz schön ins Schwitzen geraten, wenn sie den Mittagstisch außer Haus einnehmen wollen, besonders, wenn das Baby alle Fertigkost ablehnt, wie dies bei unseren Töchtern der Fall war.

Uns blieb daher nichts anderes übrig, als fertiges Essen mitzunehmen oder beim Gastgeber Gemüse und Obst voraus zu bestellen. Meist wurden wir üppig mit ausgesuchtem Gemüse versorgt, und oftmals war alles vorbereitet und geputzt. Besonders die Großmütter erledigten diese Wünsche mit Eifer und Liebe, waren ihre Erfahrungen doch endlich wieder mehr gefragt.

Schwieriger ist das Essen beim Einkaufsbummel. In diesen Fällen griffen wir meist zu Bananenbrei (in Abwandlungen) und zu Quark. Auch vor Fertigjoghurts schreckten wir nicht zurück, und die Kinder aßen diese um so lieber, je mehr Aromastoffe sie enthielten. Vielleicht ist ein bißchen Nahrungsmittelchemie für die Anpassung in späteren Jahren hilfreich.

Doch bald werden auch für kochende Eltern die Ausflüge einfacher, die Kinder finden Gefallen an Pommes frites, Spaghetti und Reis, dann sind auch sie ihrer Sorgen ledig und finden an jeder Ecke etwas, was dem Kind Freude macht und zwischendurch bestimmt nicht schädlich ist.

Essen – ein Familiendrama

Es liegt mir fern, hier eine Abhandlung über die Gestaltung des Essens zu geben. Ich erfuhr aber bei meinen Kindern – und hörte es von anderen Eltern –, daß eine wohlschmeckende Mahlzeit oft nicht ausreicht, um Kinder zum Essen zu bringen. Eßprobleme gibt es in vielen Familien, die Ursachen sind vielfältig, aber es gibt auch Lösungen. Auch meine Kinder lohnen die Mühe des Kochens nicht immer, und das Füttern verlangt oft genau soviel Kreativität wie das Zubereiten des Essens.

Das Essen hat beim Kind eine vielschichtige Funktion. Nahrung versorgt den kleinen Körper mit den notwendigen Nährstoffen, doch eine Mahlzeit stellt auch eine soziale Veranstaltung dar und vermittelt Sinnesreize nicht nur für Geschmack und Auge. Jeder weiß, daß Kinder gerne mit den Händen im Essen matschen, daß sie erst kauen und dann wieder spucken – letzteres bedeutet nicht einmal Unwillen –, mit den Händchen wird mal da, mal dort geschmiert. Doch was auf Fotos so lustig aussieht, kann im Elternalltag nervtötend sein. Nicht selten endet ein Mittagessen mit Schimpfen, Weinen und Ins-Bett-Bringen. Und dann – ein hungriges Kind schläft schlecht, genervte Eltern füttern schlecht, und der Zirkus beginnt von neuem.

Ermahnungen und kluge Reden der Eltern kommen bei Kindern selten an, meine Erfahrungen lehrten mich vielmehr, mich auf die Bedürfnisse der Kinder einzustellen und dann mit Laune, auch wenn's mal schwerfällt, und mit Tricks auch diese Elternpflicht positiv zu wandeln.

Lose Tischdecken und zerbrechliche Schüsseln sind für ein Kinderessen aufregend, Blumenvasen und Kerzen höchst anziehend, daher weg mit dem Tand, sobald sich der Bewegungsraum des Kindes vergrößert. Läßt das Interesse an so greifbaren Dingen nach, wird ein Kind langsam in den gewohnten Rahmen wachsen.

Die Finger als Werkzeug bieten sich am einfachsten an, doch bald gewinnt ein Kind auch Interesse an Werkzeugen wie Löffeln und kleinen Gabeln, wenngleich doch oftmals noch der Finger ins Essen wandert. Die Tolerierung solcher kleinen Unsitten und Unbeholfenheiten bedeutet bestimmt nicht den völligen Verfall der guten Sitten, und was ein Kind heute noch nicht kann, lernt es oft einen Tag später.

Naschen ist wohl bei allen Kindern beliebt, und viel Eßunlust liegt hier begründet. »Eine Kinderhand ist so schnell gefüllt«, sagte einmal eine alte Frau zu mir und reichte meinen Kindern ein Stück Schokolade. So denken sicher viele Leute und freuen sich, die Hand füllen zu können. Ich verbiete dies nicht strikt, damit wäre einem anderen eine Freude genommen, aber ich greife bei größeren Portionen ein und bitte um Verständnis, außerdem halte ich meine Kinder zu Hause kurz.

Noch ein Wichtiges: Viele Kinder verlangen nach einem regelmäßigen Tagesablauf. Hunger stellt sich oft pünktlich elf Uhr dreißig ein, kommt dann das Essen erst um zwölf Uhr, sitzen sie hungrig und müde vor den Tellern und lassen sich zu nichts mehr bewegen. Ist der Tag einmal aus dem Gleis gekommen, sollte man seinen Kochplan lieber zurückstellen, ein Früchtejoghurt erfüllt oft auch seinen Zweck und kostet weniger Nerven.

Doch selbst wenn das Essen den hungrigen Kindern pünktlich serviert wird, zeigen die lieben Kleinen oft wenig Interesse an dieser Veranstaltung. Vor der Praxis mit unseren Töchtern lehnte ich alle Spielereien bei Tisch ab, heute bin ich viel großzügiger. Mir ist es wichtig, daß die Kinder nährstoffgerecht ernährt werden, und daß das Essen in einer guten Stimmung eingenommen wird.

Angela ist ein verspieltes und verträumtes Kind, Veronika ungestüm und widerborstig; so bin ich immer am Erfinden und Agieren, doch mit Erfolg.

Warum sollte man nicht mal nebenher ein Bilderbuch anschauen, ein Liedchen singen, Geschichten erzählen, die Spatzen im Baum beobachten und erklären? An schwierigen Tagen tritt auch mal der »Kasperl« als besondere Autoritätsperson auf, oder die Puppenkinder werden zum Essen eingeladen.

Nach der Baby-Karotten-Zeit wurden Möhren nur zögernd akzeptiert. Doch da fiel mir das Lied »Die Rübe« in die Finger, und nun essen wir eben die Rüben von Paules Beet. Ein lustiger Name und die Ankündigung von frischgezaubertem Nachtisch lassen oft den anfänglichen Unmut schwinden, und ich kann wohlgenährte Kinder guten Herzens zum Mittagsschlaf legen.

Diese Tricks funktionieren mit Sicherheit nicht bei anderen Kindern, doch jeder kennt sein Kind und dessen Lieben am besten. Mit etwas Überlegung und Einfühlung hat man schnell ein gutes Repertoire beisammen. Und nach einem erfolgreichen, netten Essen sind Töpfe und Schüsseln viel schneller gespült.

Rezepte für den Säugling

Wie überall ausführlich beschrieben wird, muß dem gestillten Säugling frühestens nach dem vierten Lebensmonat zugefüttert werden. Schwieriger ist es beim Flaschenkind. Kaum haben sich Mutter und Kind zusammengelebt, gilt es ein neues Problem zu bewältigen: Die Ernährung muß ergänzt werden.

Ich fand Literatur, die bereits nach der vierten Woche Obst- und Gemüsesäfte empfiehlt, doch rieten mir Arzt und Säuglingsschwester, bis zur achten Woche abzuwarten und dann mit einem Teelöffel Karottensaft pro Flasche zu beginnen. Bei unserer ersten Tochter stellte ich all diese Säfte selbst her, aus Bio-Gemüse frisch gepreßt oder tiefgefroren in Eiswürfel. Besonders bei den ersten Säften ist große Hygiene wichtig. Das Gemüse wird gut gewaschen, geschält – bei Karotten empfiehlt es sich, sie nochmals unter fließendem Wasser abzuspülen – und dann gerieben.

Wer im Besitz einer elektrischen Saftpresse ist, bekommt das Gemüse und Obst in einem Arbeitsgang gerieben und durch Zentrifugalkraft ausgepreßt. Wer dieses Gerät nicht besitzt, reibt nun alles ganz fein und drückt das rohe, geriebene Gemüse durch ein spezielles sauberes Mulltuch. Die letzte Methode wirkt etwas umständlich, bedenkt man jedoch, daß auf diese Weise nur ein täglicher Bedarf von ungefähr 50 g Saft hergestellt werden muß, ist diese Arbeit nicht so groß einzuschätzen.

Arbeitet man auf Vorrat, so ist die Sauberkeit das Wichtigste: Alle Gefäße gut spülen, klarspülen und dann mit kochendem Wasser nachreinigen. Das ist unerläßlich. In Eiswürfelkästen wird der Saft dann in einem gut kontrollierten Gefriergerät eingefroren und aufbewahrt. Auch sind im Handel Einwegtüten für Eiskugeln zu kaufen, die die Arbeit etwas erleichtern.

Ergänzung ab der achten Woche

Karotten- oder Rote-Bete-Saft

Möhren (Gewichtmenge nach Bedarf und Technik, 1 kg Möhren ergeben mit der Saftpresse ungefähr 5 dl Saft) waschen, schälen, für die Saftpresse grob zerkleinern, auspressen oder reiben und durch ein Tuch pressen. Tagesbedarf in einem sauberen Schraubglas aufbewahren, größere Mengen sofort einfrieren.

Orangen- oder Mandarinensaft

Hier wird der Saft am einfachsten frisch hergestellt. Vorsicht ist bei Zitrussäften geboten, oft wird ein Baby wund oder verträgt die Säure im Magen nicht. Mandarinensaft wird oft am besten aufgenommen.

Diese Säfte können dem älteren Baby und später dem Kleinkind auch unvermischt gegeben werden. Sie bereichern und vervollständigen den Speisezettel. Besonders in appetitarmen Zeiten gleichen frisch hergestellte Säfte fehlende Mineralstoffe und Vitamine aus.

Auf diese Art lassen sich viel Obst und Gemüse verarbeiten. Ein Apfel oder eine feste Birne, Pfirsiche oder Aprikosen, dem Apfel läßt sich auch ein Stückchen Gurke oder ein Schnitzchen Sellerie beimengen, Johannisbeeren, Himbeeren oder Brombeeren bereichern langsam die Kost. Wichtig ist, daß nur einwandfreies Obst verwendet wird. Diese Vorsicht sollte über allem Streben nach Abwechslung stehen. Auch empfiehlt es sich, eine neue Sorte Obst oder Gemüse mit Bedacht einzuführen, ein Teelöffel, dem Altbekannten beigemengt oder gesondert gereicht, genügt als Erstversuch. Wird das Neue abgelehnt oder nicht vertragen, kann man einige Wochen später einen neuen Versuch machen.

Tagesplan

Flaschennahrung, Zugabe von 2–3 TL Saft. Nach einer Woche Steigerung der Saftmenge auf ungefähr 8–10 TL täglich; dies entspricht einer Saftmenge von ungefähr 5 dl. Man beginnt mit Möhrensaft und variiert später evtl. zu Rote Bete oder Zitrussäften.

Für unterwegs

Am einfachsten nimmt man einen Fertigsaft mit, evtl. läßt sich auch etwas Preßsaft in einem Schraubgläschen oder Fläschchen mitnehmen.

Obstbreie für die zehnte Woche

Der nächste Schritt in der Ernährung ist die Gewöhnung an feste Kost.

Geschlagene Banane wird allgemein empfohlen. Die Meinungen sind recht unterschiedlich, wann mit festerer Kost und Löffelessen begonnen werden soll.

Die Angst, Kinder würden sich nicht an den Löffel gewöhnen, wenn man nicht rechtzeitig mit dem Füttern beginnt, halte ich für unbegründet. Unsere Große wies den Löffel lange tapfer zurück, bis eine findige Großmutter sie in ihr angenehmer Lage im Stubenwagen fütterte und dann stolz meldete, daß eine halbe Banane gelöffelt wurde. Von diesem Tag an testete Angela voll Vergnügen Breie in jeder Form, spuckte, sprudelte und schluckte. Es war ein heiteres gemeinsames Tun, das viel Zeit und Geduld forderte. Ihre kleine Schwester dagegen mußte noch lange die feste Kost mit dem Breisauger nehmen, da mir für diese Spielchen die Zeit und die Ruhe fehlten.

Auf Veronikas Speiseplan fehlten der Bananenbrei und der geriebene Apfel, denn sie litt öfter an Verstopfung und bekam erst nach zwölf Wochen ihren Gemüsebrei.

So stammten Angelas erste Abend-Breie aus der Packung – die homogenisierte Masse glitt besser –, während Veronika nur Vollkornbreie bekam, um die Darmtätigkeit zu fördern.

Rezept

Banane, geschlagen	Eine Portion
Vollreife Banane	mit Gabel zerdrücken und schaumig schlagen, löffelchenweise füttern, ersetzt allmählich eine Flasche

Tagesplan

Flaschennahrung mit Preßsäften, eine Flasche mit Bananenbrei ersetzen. Es ist ratsam, diese erste feste Kost einem ausgeschlafenen, nicht zu hungrigen Kind zu füttern und sich genügend Zeit zum Füttern zu nehmen.

Für unterwegs

Hier ist es ratsam, das Füttern mit dem Löffel durch eine Flaschenmahlzeit auszugleichen; ißt das Kind ganz gut, kann man evtl. auch zu einem Obst-Gläschen greifen.

Gemüse für die 12. Lebenswoche

Gemüsebrei — Eine Portion

100 g Gemüse (zuerst Karotte) 50 g Kartoffeln	waschen, schälen, grob zerkleinern, sehr weich kochen – 5 Min. im Dampfkochtopf, 20 Min. im normalen Topf
1/2 TL Butter 1 Prise Salz 1 Prise Zucker	zugeben, alles pürieren, mit Mixer, Mixstab oder durch ein feines Sieb streichen

Nach diesem Rezept wird nach einer Angewöhnungszeit auch das andere Gemüse zubereitet:
Blumenkohl (nur die Röschen verwenden, der Strunk wirkt blähend)
Kohlrabi (junge und zarte, ohne Blätter)
Rosenkohl (anfangs mit Karotten mischen)
Lauch
Schwarzwurzeln
Spargelspitzen
Spinat

Beispiele für Mischgemüse:
50 g Rosenkohl + 50 g Karotten + 50 g Kartoffeln
oder
50 g Spinat + 50 g Karotten + 50 g Kartoffeln

Tagesplan

Flaschennahrung wie gewohnt mit Saft, Gemüsebrei als Hauptgericht mit dem Löffel oder bei Zeitmangel in der Flasche mit dem Breisauger.
Zwischenmahlzeit Bananenbrei, Apfelmus oder Apfelmus mit Banane, oder
Obst-Milchbrei oder Quarkbrei

Zwischenmahlzeiten ab der 14. Woche

Apfel-Bananen-Brei — Eine Portion

1 kleiner Apfel (am besten Klarapfel)	auf Glasreibe reiben
1 kleine Banane	schaumig schlagen, vermengen, evtl. mit Schmelzflocken andikken, mit sehr wenig Honig süßen

Auf diese Art läßt sich auch ein Brei mit einer weichen Birne oder einem weichen Pfirsich herstellen.

Obst-Milchbrei — Eine Portion

100 g Milch	abkochen
50 g Wasser	abkochen
20 g Zwieback oder	
30 g Haferflocken	im Wasser einweichen
50 g Obst (Apfel, Banane, Birne etc.)	gerieben oder geschlagen mischen

Milchfreier Brei — Eine Portion

150 g Wasser	
30 g Haferflocken oder Weizenschrot	kalt aufsetzen, unter Rühren zum Kochen bringen
100 g Apfel oder Banane	reiben bzw. schlagen, mit dem Brei vermengen

Quarkbrei — Eine Portion

100 g Quark	
20 g Zwieback oder Haferflocken	
100 g Apfel, Banane etc.	zerkleinern und vermengen

Ab dem 5. Monat: Kleine Menüs

Das Essen besteht weiterhin zur Hauptsache aus Gemüse, dazu kommen Beilagen wie Reis, Grütze, Nudeln und Eigelb oder Quark, evtl. auch manchmal etwas Fleisch.
Beispiele:
Gelbe-Rübengemüse mit Tomatenreis und Eigelb
Spinat mit gedünstetem Reis und 1 EL Joghurt
Lauchpüree mit Suppennudeln und 1 EL Quark
Schwarzwurzelpüree mit Kartoffeln und Eigelb
Quarkklöße mit Möhren und Lauch

Rezepte

Gemüsepüree — Eine Portion

150 g Gemüse	waschen, schälen, in wenig Butter und wenig Wasser dünsten (Dampfdrucktopf), zerkleinern (pürieren oder ganz fein schneiden oder zerdrücken)

Beilagen

Suppennudeln

Eine Portion

20 g Suppennudeln (Vollmehlnudeln)	in Salzwasser weichkochen

Gedünsteter Reis

Eine Portion

Wenig Butter	im Topf zergehen lassen
1 EL Reis (Rundkorn-Vollreis)	zugeben
1/2 Tasse Wasser	aufgießen, 20 Min. garen lassen, 5 Min. im Dampfkochtopf, evtl. im Mixer zerkleinern

Tomatenreis

Zubereitung siehe gedünsteter Reis, statt Wasser Tomatensoße verwenden.

Tomatensoße

Eine Portion

1–2 vollreife Tomaten	in wenig Wasser weichkochen
	durch ein Sieb streichen
Etwas Dill oder Petersilie	zugeben

Quarkklöße

Vier Portionen

500 g Magerquark 125 g Vollgrieß oder Haferflocken 2 Eier 1 Prise Salz	Zutaten zu einem Teig verrühren 1/2 Std. quellen lassen mit 2 Eßlöffeln Klöße formen, in flachem Topf Wasser zum Kochen bringen, Klöße 10 bis 15 Min. ziehen lassen, mit zerlassener Butter begießen

Schmeckt Kindern zu Gemüse, für Erwachsene evtl. mit Zucker und Zimt und Apfelbrei servieren, läßt sich gut einfrieren.

Gerstengrütze — Vier Portionen

40 g Butter	zergehen lassen
250 g Vollgerstengrütze	im Fett wenden
1 l Flüssigkeit (Wasser, Gemüsebrühe oder Fleischbrühe)	dazugießen, schnell ankochen und bei milder Hitze ausquellen lassen

Garzeit: 30–40 Min. Dampfkochtopf 6 Min. Kann portionsweise eingefroren werden, ergibt insgesamt etwa 10 Portionen.

Grünkernklößchen — Vier Portionen

75 g Grünkernmehl 1/8 l Wasser 2 EL Butter Salz	Wasser mit Butter und Salz zum Kochen bringen, Grünkernmehl einrühren und zu einem Kloß aufkochen lassen
1 Ei	in die abgekühlte Masse rühren
Salzwasser oder Suppenbrühe	zum Kochen bringen, mit zwei Teelöffeln Klößchen abstechen, ziehen lassen

Klößchen eignen sich als Beilage zu Gemüse, sie können eingefroren werden oder als Suppeneinlage verbraucht werden.

Tomatensoße mit Gemüse — Eine Portion

1 TL Butter	im Topf zergehen lassen
1–2 Tomaten	zerkleinern, andünsten, evtl. wenig Wasser zugeben, Topf zudekken, rasch verkochen lassen, durch Sieb streichen
Gemüse der Saison (geriebene Möhren, Zucchini, gehackter Spinat od. Mangold, Lauchringe, Kohlrabi oder Rosenkohl)	waschen und fein zerkleinert in die Soße geben, rasch weichkochen, abschmecken

Das fein zerkleinerte Gemüse ist in kurzer Zeit gar, also ein schnelles Gericht mit wenig Aufwand.

Ab 20. Woche: Vollmilchbrei als Abendessen

Einfach in der Anwendung sind die Breie der bekannten Babykost-Hersteller. Sie werden gerne gegessen, da die Masse homogen, ihr Geschmack süß und wohlgefällig ist. Zudem ist der Arbeitsaufwand zur Zubereitung minimal. Mich störten das Aussehen und die Süße.

Der Brei aus dem eigenen Topf, mit wenig Honig abgeschmeckt und mit frisch gepreßtem Saft zerdrückter Beeren oder geriebenem Apfel angereichert, entsprach mehr meinem Geschmack. Inzwischen gibt es jedoch auch bei der Fertigkost manch brauchbares und vertretbares Produkt, was auf Reisen eine große Erleichterung ist.

Rezepte Milchbrei

Haferflockenbrei	Eine Portion
2 dl Milch	kalt aufsetzen
3–4 EL feine Haferflocken	dazugeben, aufkochen lassen unter Rühren
1 TL Honig oder Zucker	Brei damit süßen

Vollgrießbrei	Eine Portion
2 dl Milch	zum Kochen bringen
3 EL Vollgrieß	einstreuen, aufkochen lassen
1 TL Honig	süßen

Weizenschrotbrei	Eine Portion
2 dl Milch	kalt aufsetzen
5 EL Weizenschrot	zugeben, unter Rühren aufkochen
1 TL Honig	süßen

Zwischenmahlzeiten

Geschlagene Banane — Eine Portion

Abwandlungen mit
1 EL Joghurt oder 1 EL Quark
Saft einer Orange oder Mandarine
2 EL gekochter Apfelbrei

Apfelbrei, frisch gerieben oder gekocht	Eine Portion

Abwandlungen mit
Joghurt oder Quark
Orangensaft
zerdrückten Erdbeeren oder
gefrorenes Erdbeerpüree auftauen
Himbeeren oder Brombeeren, zerdrückt

Erdbeerquark oder -joghurt	Eine Portion
Erdbeeren	zerdrücken oder pürieren, mit Joghurt oder Quark mischen, mit etwas Honig nach Bedarf nachsüßen

Sanddornquark	Eine Portion
Magerquark	mit etwas Milch und 1 EL Sanddornsirup verrühren

Birnenbrei mit Honig	Eine Portion
Geschälte, vollreife und weiche Birnen	zerdrücken, mit wenig Honig süßen. Es ist zu beachten, daß die verwendete Birne nur wenig Kerne enthält, da diese für den jungen Säugling zu belastend sind.

Pfirsichbrei mit Honig	Eine Portion
Pfirsich	waschen und schälen, mit der Gabel zerdrücken oder mit Mixstab zerschlagen, mit wenig Honig süßen

Diese Fruchtspeisen werden durch die Zerkleinerung sehr dünnflüssig und lassen sich schlecht füttern. Aus diesem Grund halte ich stets ein Paket Schmelzflocken oder Instantflocken bereit, damit läßt sich die

Speise leicht andicken; sie erhält damit einen höheren Sättigungswert und eine günstige Nährstoffkombination durch die im Haferkorn enthaltenen Nährstoffe wie Kalzium, Phosphor, Magnesium, Mangan etc. Etwas vorgeweichtes Weizenschrot läßt sich hierzu auch verwenden, dieses ist besonders wertvoll bei Kindern mit Verdauungsschwierigkeiten, da es an Ballaststoffen reich ist.

Tagesplan

Die Milchmenge aus der Flasche ist abhängig von der verwendeten Babynahrung und vom Hunger des Kindes. In dieser Phase wird der Tagesspeiseplan ziemlich umfangreich. Zu den Flaschen mit Saft gehört nun eine richtige Hauptmahlzeit.

Ihr wichtigster Bestandteil besteht noch immer aus Gemüse. Etwas Ei, Quark oder Joghurt reichert sie zusätzlich mit Eiweiß an. Grütze, Nudeln, Kartoffeln liefern die Kohlehydrate. Dieser Teil des Menüs darf bei ruhigen, gemütlichen Kindern etwas kleiner gehalten werden.

Nachmittags gibt es Obstbrei in Abwandlungen. Oft wird Babys auch Joghurt gefüttert, sie nehmen es meist gerne an. Fertige Fruchtjoghurts sind problematisch, weil Füll- und Aromastoffe nicht dem Prinzip der eigenen Ernährung entsprechen. Die fettarmen Joghurts sind stark aufbereitet, daher sind Vollmilchjoghurts empfehlenswerter.

Der Vollmilchbrei am Abend ist besonders sättigend und läßt die Kinder bald etwas länger schlafen. Durch die Zugabe von Saft und Obst wird er mit Mineralstoffen und Vitaminen angereichert. Nebenbei erreicht man so auf einfache Weise große Geschmacksvarianten und erreicht leicht das Angebot der Fertigbreie.

Juniorkost (ab 8. Monat)

In der Fertigkost wird diese Bezeichnung verwendet für die Hauptmahlzeiten ab dem 8. Lebensmonat. Diese Gerichte unterscheiden sich im Grad der Zerkleinerung. In der Fertigkost nimmt zudem der Fleischanteil der Gerichte zu.

Ob ein Kind dieses Alters unbedingt soviel Fleisch benötigt, ist wohl abhängig vom Ernährungsstil. Wer seine eigenen Mahlzeiten fleischarm gestaltet und das fehlende Eiweiß durch Milch- und Vollwertprodukte ausgleicht, wird auch sein Kind in ähnlicher Weise ernähren. Wer jedoch gerne Fleisch ißt und von dessen »Lebenskraft« überzeugt ist, sollte beim Fleischeinkauf für die Kinderkost zumindest darauf achten, daß dieses möglichst wenig Schadstoffe enthält. Schweinefleisch aus der Massentierhaltung, aufgeschwemmtes Kalbfleisch und Innereien sollten gemieden werden. Die so beliebte geschabte Leber für die Kinderkost sollte nur dann zubereitet werden, wenn das Tier gut gefüttert und ohne Medikamente gehalten wurde.

Bei unseren Kindern konnte ich feststellen, daß Fleisch lange Zeit nicht besonders begehrt war, ganz gleich in welcher Form es zubereitet war. Sie sind begeistert von würzigen Bratensoßen, von Ei und Quark. Wurst und Hackfleischgerichte sind beliebt – und hin und wieder auch mal was vom Elternteller.

Wer gute Einkaufsmöglichkeiten hat, kann mit Fleischgerichten auch etwas Abwechslung schaffen, darum hier einige Rezepte.

Geschabte Leber in Butter — Eine Portion
(Diese läßt sich besonders schnell zubereiten.)

1 kleine Scheibe Leber	zartes, nicht hautiges Stück, mit einem Messer schaben (Leberscheibe mit einer Hand festhalten, mit der anderen das Messer mit leichtem Druck über die Leber ziehen)
1 TL Butter	in der Pfanne erwärmen, Leber dazugeben und dünsten

Beilagen: Kartoffelbrei und Gemüse oder Reis mit Gemüse. Evtl. ein Stück Apfel reiben und in wenig Butter ebenso dünsten.

Leberspätzle — Zwei Portionen

100 g Leber	im Wolf zerkleinern
1 Ei 100 g Mehl Salz, Muskat	alle Zutaten zu einem Teig vermengen
Salzwasser	zum Kochen bringen, feine Spätzle vom Brett schaben oder durch die Presse drücken, im Wasser aufkochen lassen, abseihen und mit Wasser abspülen
Petersilie	fein schneiden, weichdünsten, Spätzle darin wenden

Beilagen: Gemüsepüree oder geriebenes, gedünstetes Gemüse.

Fleischklößchen — Zwei Portionen

100 g Hackfleisch	in Schüssel geben
1 Ei	dazugeben
2 EL Semmelbrösel	mit wenig Wasser anweichen, alle
1 EL gedünstete Petersilie Salz	Zutaten zu einem Teig vermengen

1. Form:
Kleine Kugeln in Salzwasser garen und zu Gemüse und Kartoffeln, zu Reis oder Nudeln servieren. Die übrigen Klöße einfrieren oder als Suppeneinlage verwenden!

2. Form in heller Soße:

1 EL Butter	zergehen lassen
1 EL Mehl	dazugeben und unterrühren
Wasser oder Brühe, ca. 1/8 l	in kleinen Mengen dazugeben, unterrühren und aufkochen lassen
	Klößchen in der Soße langsam garen

Die Soße läßt sich variieren mit etwas Frischkäse, Sahne oder gewiegten Kräutern wie Kerbel und Petersilie.
Beilagen: Reis, Kartoffelschnee oder Grütze.

3. Form:
Flache Küchlein formen, in Öl knusprig ausbacken.

4. Form:
Tomatensoße aus frischen Tomaten herstellen oder Tomatenpüree (siehe Rezept bei Babykost), Klöße in der Soße garen.

5. Form:
Veränderung mit Gemüse: Zutaten wie beschrieben, jedoch ohne Semmelbrösel, etwas Spinat, Mangold oder Lauch mit wenig Wasser dünsten, fein zerkleinern und untermengen. Ist der Teig sehr naß, etwas Semmelbrösel dazugeben oder Schmelzflocken.

Fischgerichte

Fisch, gekocht oder gedünstet, schadstoffarm und nicht zu stark schmekkend, bietet Kindern eine willkommene Abwechslung. Da das Bindegewebe sehr locker ist, zerfällt er beim Garen völlig und läßt sich gut untermengen und zerdrücken.

Beim ersten Versuch ist ein Stückchen von der eigenen Mahlzeit empfehlenswert. Wird es akzeptiert, lohnt es sich auch, eine eigene Mahlzeit herzustellen.

1. Haut und Gräten sehr gut entfernen,
2. in Zitronensaft oder Essigwasser legen,
3. mit wenig Salz bestreuen,
   - in Butter weichdünsten,
   - in Salzwasser weichkochen.

Beliebt sind auch Fischkloßchen. Fisch vorbereiten, wie 1. und 2., im Fleischwolf zerkleinern, mit Ei und Semmelbrösel einen Teig herstellen wie beim Fleischteig und ebenso weiterverarbeiten.

Gemüsegerichte

Die Kost des Kindes wird in dieser Phase grober und nicht mehr als homogene Masse serviert. Gemüse und Beilagen kommen getrennt auf den Teller. Auch hier ist ein allmählicher Beginn empfehlenswert. Ißt das Kind im achten Lebensmonat noch am liebsten Gemüsepüree, dann mag es vielleicht im neunten oder zehnten Monat die gröbere Kost. In dieser Zeit bewährt sich ein Rühr- und Mixgerät. Möhren, Kohlrabi, Zucchini, Sellerie werden fein gerieben und in Butter und wenig Wasser gedünstet. Rosenkohl, Schwarzwurzeln werden im Ganzen gekocht oder gedämpft auf dem Brett fein gehackt oder gewiegt. Lauch wird fein geschnitten und gedünstet, mit einem Teil geriebenen Möhren gegart oder mit einer kleinen geschälten und feingeschnittenen Tomate geschmacklich variiert. Feine Erbsen gebe ich ganz, die kleinen Kügelchen lassen sich gut mit den Fingern in den Mund schieben. In Butter gedünstet und in ein Ei eingebacken werden sie am Fortrollen gehindert. Sie bieten ein schnelles beliebtes Essen. Zarte fadenlose Bohnen sind sehr beliebt, auch sie können ganz bleiben und wie Frites gegessen werden.

Gemüse läßt sich jetzt mit Soßen verändern und verfeinern. Die bei der Babykost übliche Kartoffelbeigabe fällt weg. Kartoffeln werden gesondert zubereitet, entweder als Salzkartoffeln, Kartoffelschnee oder Kartoffelbrei. Bei Nudeln wählt man etwas größere Formen, statt der Gerstengrütze kann man jetzt Hafergrütze verwenden.

Gekochtes Gemüse, natur	Eine Portion
150 g Gemüse	waschen
Rosenkohl	im Ganzen garen
Bohnen	Spitzen abschneiden
Erbsen	palen (aus den Schoten lösen)
Blumenkohl	in Rosen zerteilen
Spargel und Schwarzwurzeln	schälen
Spinat	Stiele abschneiden
Salzwasser	Gemüse darin garen, je nach Gemüsesorte, beim Dämpfen im Dampfkochtopf mindestens 1/4 l Wasser verwenden

Anschließend in wenig Butter wenden oder eine Semmelbröselschmelze herstellen:

1 EL Butter	zergehen lassen
1 EL Semmelbrösel	darin bräunen lassen und über das Gemüse gießen

Bei Gemüse dieser Garmachungsart empfiehlt es sich auch, für die ganze Familie das Gemüse zu kochen. Im Dampfkochtopf ist eine solche Portion eine verschwindende Menge. Gekochtes Gemüse läßt sich für den Erwachsenentisch beliebig weiterverarbeiten.

Gekochtes Gemüse in heller Soße — Eine Portion

150 g Gemüse	vorbereiten wie oben
Salzwasser	Gemüse darin kochen
1 EL Butter	im Topf zergehen lassen
1 EL Mehl	dazugeben und unterrühren
1/8 l Flüssigkeit (Kochwasser, Wasser, Brühe oder Milch und Wasser)	in kleinen Mengen dazugeben, unterrühren und die Soße aufkochen lassen
Salz, Zitronensaft, Kräuter, Sahne oder Frischkäse	zum Abschmecken

Beilagen: zerdrückte Kartoffeln oder Kartoffelschnee, Reis, Grütze, Eigelb, Quark oder etwas Fleischiges. Wird beim Hauptgericht weder Ei noch Quark oder Fleisch verwendet, kann das Eiweiß auch in Form einer Quarkspeise zum Nachtisch gegeben werden.

Gedünstetes Gemüse — Eine Portion

150 g Gemüse	waschen
Möhren	schälen und reiben
Kohlrabi, Zucchini	ebenso
Tomaten	schälen, fein schneiden
Erbsen	palen (aus den Schoten lösen)
Lauch	fein schneiden oder hacken
1 EL Butter	im Topf zergehen lassen, Gemüse zerkleinert dazugeben
Salz und Zucker	eine Prise darüberstreuen
Wasser oder Brühe	dazugießen, Gemüse garen lassen

Bei Lauch und Möhren eignet sich ein TL Erdnußmus zur geschmacklichen Veränderung. Lauch und Tomaten lassen sich gut kombinieren, wie auch Zucchini und Tomate.

Gedünstetes Gemüse mit heller Soße — Eine Portion

1 EL Butter	im Topf zergehen lassen
150 g Gemüse	waschen, putzen und zerkleinern,
1/2 EL Mehl	Gemüse im Fett andünsten, mit
Wasser oder Brühe	Mehl bestäuben, Flüssigkeit dazugeben und fertig garen lassen
Salz, Zucker, Kräuter, Zitronensaft, Rahm	Gemüse gut damit abschmecken

Kartoffelschnee — Eine Portion

100 g Kartoffeln	waschen, schälen, grob zerkleinern
Salzwasser	Kartoffelstückchen darin weichkochen (ca. 20 Min., 5 Min. im Dampfkochtopf), gekochte Kartoffeln durch Spatzenpresse (»Spätzlemaschine«) geben bzw. durch ein Sieb streichen

Tip: Für die ganze Familie werden Salzkartoffeln gekocht, dem Baby wird ein kleiner Teil davon durchgepreßt.

Kartoffelbrei

Zubereitung wie oben, dem Kartoffelschnee etwas Butter und warme Milch zugeben und mit dem Schneebesen schaumig schlagen.

Gedünsteter Reis

Rundkorn-Vollreis zubereiten wie bei der Babykost, sehr weich kochen lassen, nicht mehr zerkleinern (siehe S. 38).

Grütze aus Gerste und Hafer

Herstellung wie bei Babykost. Es ist empfehlenswert, eine größere Portion zu kochen für die ganze Familie oder die übrige Menge in Portionen einzugefrieren. Bei Bedarf werden diese mit etwas Butter und Wasser im Topf aufgetaut (siehe S. 39).

Tagesplan

Morgens	Milch. Ab dem 8. Monat kann bereits Vollmilch mit wenig Zucker oder Honig gesüßt werden. Ein kleines Stückchen Brot mit Butter oder Marmelade. Bei Kindern mit Verdauungsschwierigkeiten kann Vollkornbrot scheibenweise eingefroren und am Morgen aufgetaut werden.
Zwischenmahlzeit	Je nach Bedarf etwas Saft, geriebener Apfel, evtl. ein Apfelschnitzchen, Bananen- oder Keksbrei.
Mittags	Juniormenü mit Gemüse und Beilage, evtl. etwas Fleisch, Eigelb, Quark oder Joghurt. Letzteres kann auch als Nachtisch gegeben werden.
Nachmittags	Eine Flasche Milch. Je nach Eßgewohnheit kann auch um diese Zeit der Nachtisch gefüttert werden.
Abends	Vollmilchbrei mit Obstsaft oder Früchten, evtl. Baby-Müsli.

Essen vom Erwachsenentisch

Das Ziel der Säuglingsernährung ist die Anpassung an die Kost der Erwachsenen. Eltern sind froh, wenn sie den Babyhunger zum erstenmal mit einem Brötchen befriedigen können, wenn das Trockenmilchpulver aus der Küche verschwindet und Vollmilch verwendet werden kann. Die Säuglingskost hält die Eltern ständig in der Spannung, sich irgendwo mit einem hungrigen Kind zu befinden und keine passende Kost bei sich zu haben.

Manche Kinder passen sich sehr früh der Erwachsenenkost an und essen tapfer alles Rohe, vielleicht sogar sauren Salat, und sind dann recht pflegeleicht. Doch von vielen Müttern meines Bekanntenkreises weiß ich, daß diese Anpassung nicht allzu häufig vorkommt. Die meisten Kinder essen rohes Obst und Gemüse nicht oder nur wenig, andere lehnen gewisse Farben ab, z. B. Rüben-Gelb, die meisten lieben Nahrung mit viel Soße und zwischendurch mal etwas Knuspriges.

Aus diesen Beobachtungen schließe ich, daß die Anpassung nur selten in den ersten Lebensjahren befriedigend ist. Man kann sich die Frage stellen, ob die Erwachsenenkost so gesund ist, daß eine Anpassung wünschenswert ist. Oft sind die Ernährungsgewohnheiten unbedacht und nachlässig, schnell und sättigend.

In unserer Familie nahm ich die Ernährung unserer Kinder zum Anlaß, die eigene Ernährung zu überdenken und etwas zu reformieren. Ich stelle die Ernährung der Kinder in den Vordergrund. Durch die Kinder kommen mehr Vollkorn-Produkte in unsere Küche, Obst und Gemüse werden weitgehend aus biologischem Anbau bezogen, billige Fette sind verschwunden, und statt Fleisch gibt es jetzt oftmals vegetarische Speisen, manchmal eine Süßspeise. Uns tut diese Veränderung durchaus wohl. Sollten wir mal schrecklich von anderen Gelüsten geplagt werden, dann wird auch mal für die Kinder separat gekocht bzw. ein beliebter Vorrat aufgetaut.

In unserem Tagesablauf ist für die Erwachsenen kein Mittagessen eingeplant. Unsere Kinder jedoch essen zu dieser Tageszeit am meisten. Um mir die Kocharbeit etwas günstig einzurichten, plane ich das Essen meist über zwei Tage. Einmal koche ich frisch zum Mittagessen, ergänze und erwärme das Abendessen. Ein Rest vom Abendessen bildet die Grundlage für das Kinderessen am nächsten Tag.

Spätzle, Nudeln, Reis, Knödel, Suppen, alles was mehr als Brennstoff dient oder nur wegen der gelösten Mineralstoffe gegessen wird, läßt sich gut am nächsten Tag erwärmen. Anders verhält es sich bei Gemüse. Dieses bereite ich für die Kinder immer frisch zu. Bei den kleinen Mengen und bei Verwendung des Dampfdrucktopfes geschieht dies unproblematisch und mit wenig Aufwand. Dasselbe gilt für alle Obstgerichte. Um die Vitaminverluste klein zu halten, werden diese Speisen unmittelbar vor dem Verzehr zubereitet.

Bei der Planung des Abendessens – unserer warmen Mahlzeit – wird stets mitbedacht, wie Reste am anderen Tag wieder verändert werden können.

Wir richten uns nach den Kindern bei der Festlegung der Essenszeit. Um sicherzustellen, daß meine Kochbemühungen nicht an der Müdigkeit oder dem Überhungertsein der Kinder scheitern, stellten wir uns auf diese Zeit um. Essen ist auch eine gemeinsame Veranstaltung, und üblicherweise wartet man, bis die ganze Familie zusammen ist. Sollte ein Familienmitglied die Essenszeiten nicht pünktlich einhalten können, empfiehlt es sich, die Gemeinsamkeit anderweitig zu fördern. Die Befriedigung elementarer Bedürfnisse kann von kleinen Kindern selten ohne Schaden aufgeschoben werden. Ein quengelndes Kind genießt die Gemeinsamkeit bestimmt nicht bzw. ist dieser auch nicht förderlich.

Gemüse für Kleinkinder

Ab dem ersten Lebensjahr wird die Gemüsepalette für die meisten kleinen Kinder reichhaltiger, vorausgesetzt, daß der Organismus sie störungsfrei verarbeiten kann. Auch hier sollte man beobachtend Neues einführen und den Kindern die neue Kost zwangsfrei anbieten. Nicht jedes Kind mag Kohl und Kraut, unsere Große liebte schon sehr früh »das Kraut aus Witwe Boltes Faß«, die Kleine dagegen läßt dies noch immer verächtlich liegen. Manches Gemüse ist sehr herb und geschmacksintensiv, läßt sich aber durch die Zubereitung etwas dem Geschmack der Kinder anpassen. Mit dieser Anpassung erspart man sich zusätzliche Kocharbeit, und vielleicht schmecken diese verfeinerten Gemüse auch der ganzen Familie.

Salate werden nun manchmal gegessen. Meist sind gekochte Salate beliebter als rohe, besonders mit Blattsalat machte ich bislang wenig positive Erfahrung. So bleibt einem oft nichts anderes übrig, als eine kleine Extra-Portion zuzubereiten.

Rezepte

Apfelkraut — Vier Portionen

40 g Fett (Butter, Margarine, Öl)	erhitzen
1 Zwiebel	feinschneiden und anbraten
750 g Weißkraut, Rotkraut oder Sauerkraut	sehr fein hobeln und ebenfalls anbraten
1/4 l Wasser, besser Apfelsaft	dazugießen
250 g Äpfel	schälen, vierteln, entkernen
Lorbeerblatt und Nelke	dazugeben und gut weichkochen lassen
Zucker und Salz	zum Abschmecken verwenden

Wirsing- oder Grünkohlpüree	Vier Portionen
1 kg Wirsing oder Grünkohl	Blätter mit dicken Rippen beiseite lassen, waschen, grob zerkleinern, mit Gemüsedämpfer oder im Dampfkochtopf weichkochen, fein wiegen oder im Mixer zerkleinern
40 g Butter oder Margarine	zergehen lassen
40 g Mehl oder Vollmehl	dazugeben
1/2 l Kochwasser Salz, Muskat, Sahne	zum Ablöschen langsam dazugeben, Gemüse in die Soße geben, durchkochen lassen, würzen, mit Sahne verfeinern

Saure Bohnen	Vier Portionen
1 kg Stangen- oder Buschbohnen	waschen, putzen, zerkleinern und in Salzwasser weichkochen
40 g wasserfreies Fett (Schmalz oder Öl)	erhitzen
40 g Mehl	unter Rühren im Fett kastanienbraun braten
2 Zwiebeln	feingeschnitten, kurz mitbraten
1/2 l Wasser	zum Ablöschen verwenden
Salz, Lorbeerblatt, Nelke, Tomatenmark	in der Soße aufkochen lassen, Bohnen in die Soße legen, mitkochen lassen
1 El Essig oder Zitronensaft	kurz vor dem Auftragen dazugeben

Ein herrliches Gemüse zu Knödeln oder Spätzle!

Linsen	Vier Portionen
350 g Linsen	über Nacht in Wasser einweichen Salz zugeben und 1/2 Std. weichkochen lassen
40 g Fett, wasserfrei 40 g Mehl Salz, Tomatenmark	dunkle Einbrenne (Mehlschwitze) herstellen wie für saure Bohnen, mit dem Kochwasser ablöschen
1 Zwiebel, Möhrenwürfel, Lauchringe	dazugeben und weichkochen Linsen in die Soße geben, mitkochen lassen

Weiße Bohnen	Vier Portionen
300 g weiße Bohnen	einweichen und kochen wie Linsen
40 g Fett	erhitzen
1 Zwiebel	schneiden und anbraten
Tomaten	schälen und schneiden
Möhren und Lauch	mitdünsten
Brühe	zum Ablöschen
	Bohnen dazugeben, garen lassen

Gemüse wie Rosenkohl, Blumenkohl, Schwarzwurzeln, Gelbe Rüben, Kohlrabi und Lauch bereitet man weiterhin zu wie bei der Juniorkost (S. 43), aber in gröberer Form; sie werden gedünstet, mit etwas Mehl bestäubt, in weißer Soße serviert, je nach Geschmack und Laune.

Salate

Bohnensalat	Vier Portionen
500 g grüne Bohnen	gekocht
1 kleine Zwiebel	feingeschnitten
1 EL Essig od. Zitronensaft	zur Salatsoße verrühren
2 EL Öl	Bohnen möglichst warm in die Soße legen und 1/2 Std. durchziehen lassen
Salz und Zucker	
Wenig Pfeffer und Bohnenkraut	

Gelbe-Rüben-Sellerie-Salat, gekocht	Vier Portionen
500 g Möhren und Sellerie gemischt oder einzeln	kochen oder dämpfen
Salatsoße:	
1 EL Essig	vermischen, das warme Gemüse darin gut durchziehen lassen
2 EL Öl oder Saurer Rahm	
Salz und Zucker	

Gelbe-Rüben-Sellerie-Apfel-Rohkost — Vier Portionen

Möhren, Sellerie, Apfel (ca. 500 g in beliebigem Mischungsverhältnis)	waschen, putzen, fein reiben
Soße: 2 EL Joghurt 2 EL Öl oder Orangensaft Salz, Zucker, gewiegte Rosinen, Nüsse oder Schnittlauch	zur Soße vermengen, über das geriebene Gemüse geben, sofort servieren

Tomatensalat — Vier Portionen

1 kg Tomaten	waschen, schälen, fein würfeln
Soße: Salz, Zucker, Öl oder Saurer Rahm, Schnittlauch	

Eiergerichte

Eiergerichte sind bei Kindern meist beliebt, sie sind im allgemeinen schnell zubereitet und liefern ein vorteilhaftes Nährstoffgefüge.

Spiegelei mit Gemüse	Eine Portion
Erbsen, Lauchringe, Spinat, Tomaten	Gemüse putzen und waschen, zerkleinern, Tomaten schälen und würfeln, Spinatblätter zerschneiden
1 TL Butter	in der Pfanne zergehen lassen, Gemüse dazugeben, dünsten
1 Ei	auf das Gemüse setzen und braten lassen

Omelettes variées: Omelettes lassen sich mit vielen Obst- und Gemüsesorten leicht und einfach herstellen und bieten fast ein vollständiges Essen.

Gemüseomelette	Eine Portion
Gemüse	waschen und zerkleinern
Spinat	Blätter zerteilen oder hacken
Möhren, Kohlrabi	fein reiben
Lauch	in Ringe schneiden
Bohnen, Spargel, Schwarzwurzeln	in Salzwasser vorkochen
Erbsen	kurz in Butter dünsten
Kresse	frisch zugeben (eine kleine Menge ist wegen des starken Geschmacks empfehlenswert)
1 Ei 2 EL Milch	schlagen, Milch dazugeben

1 TL Butter	in der Pfanne zergehen lassen, Eiermilch in die Pfanne geben, Gemüse daraufgeben, mit einem Deckel zudecken und stocken lassen

Obstomelette — Eine Portion

Obst, Bananen, Pfirsiche, Aprikosen	waschen, schälen und zerkleinern
1 Ei 2 EL Milch 1 TL Butter	weitere Zubereitung wie Gemüseomelette (s. oben)

Eiernudeln — Eine Portion

50 g Nudeln, evtl. Vollmehlnudeln Salzwasser	zum Kochen bringen, Nudeln 8–10 Min. kochen lassen, kalt abspülen
1 TL Butter	in der Pfanne zergehen lassen, Nudeln kurz anbraten
1 Ei	zerschlagen, über die Nudeln gießen und stocken lassen

Dazu: *Tomatensoße* aus einer frischen geschälten Tomate

1 TL Butter	in Topf zergehen lassen
1 Tomate	mit kochendem Wasser überbrühen, kalt abspülen, schälen, in kleine Würfel schneiden, in der Butter weichdünsten

Gefüllte Eier
Rezept siehe Brotbelag (S. 88)

Mehlspeisen und Getreidegerichte

Diese Gerichte sind oft bekannt aus der Hausmannskost. Sie stammen aus verschiedenen Kochbüchern, beruhen auf Abwandlungen von Rezepten, die man im Reformhaus kostenlos erhält, die aus der Not eine Tugend machten.

Haferflockenküchlein — Eine Portion

3 EL Haferflocken	Zutaten zu einem dicken Teig
1 EL Mehl	vermengen, evtl. kann das Ei
1 Ei	getrennt werden und das Eiweiß
3 EL Milch	zu Schnee geschlagen werden
Etwas Öl	erhitzen, mit Eßlöffel kleine
	Küchlein in der Pfanne ausbacken

Haferflockenküchlein sind eine knusprige Beilage zu allem Gemüse mit Soße (Blumenkohl in weißer Soße, Möhren mit Mehl gestäubt etc.)

Die süße Variante:
Teig wie oben zubereiten, Fett erhitzen, etwas Teig in die Pfanne geben und Obstschnitze darauflegen, z. B. Bananen, Aprikosen, halbierte Kirschen, Apfelscheibchen, Küchlein kurz wenden, die belegte Seite backen, mit Zucker und Zimt, etwas Sirup oder Saft servieren.

Pflaumen im Knuspermantel — Eine Portion

Einige große Pflaumen	waschen, halbieren, entsteinen
2 EL Weizenkörner	in Kaffeemühle schroten
1 EL Mehl	zum Weizenschrot geben, ebenso
1 Ei	Ei und Milch zu einem dicken Teig
Wenig Milch	verrühren
Öl	in Pfanne erhitzen, die halbierten

	Früchte mit dem Teig bestreichen und ausbacken
Zucker und Zimt	evtl. zum Bestreuen
Etwas Schlagsahne	als Haube auf die Früchte setzen

In derselben Art können auch Aprikosen gebacken werden. Günstig sind diese Süßspeisen nach einer kräftigen Suppe, z. B. Kartoffelsuppe oder Gemüsesuppe.

Vollwertpfannkuchen mit Apfel — Eine Portion

2 EL Mehl	in eine Schüssel geben
2 EL Weizenkörner	schroten, dazugeben
1 Ei	alle Zutaten zu einem dicken Teig verrühren
2 EL Quark	
Etwas geriebene Nüsse	
Einige Rosinen	
1 Apfel	waschen, schälen, raffeln
1/2 Tasse Milch	
Etwas Butter	in Pfanne erhitzen, kleine Küchlein goldgelb ausbacken
Zucker oder Sirup	zum Süßen

Wer die Küchlein lieber locker und luftig hat, trennt Eigelb und Eiweiß und hebt den Eischnee vorsichtig unter den Teig.

Apfelküchlein — Vier Portionen

500 g Äpfel	schälen, Kernhaus mit Apfelbohrer entfernen, in Ringe schneiden, mit Zitronensaft begießen
Teig:	
250 g Mehl, evtl. ein Teil Vollmehl oder geschrotete Weizenkörner	Mehl, Milch, Salz und Eigelb zu einem Teig verrühren, Eiweiß zu Schnee schlagen und vorsichtig unter die Teigmasse heben
1/4 l Milch	
1/2 TL Salz	
2 Eigelb	
2 Eiweiß	
Öl oder Butter	in einer Pfanne erhitzen, bei Butter vorsichtig sein, daß sie nicht bräunt. Apfelringe in die Teigmasse tauchen und ausbacken

Kaiserschmarren (Teig siehe Apfelküchlein)

Vier Portionen

2 EL Rosinen	in die Teigmasse geben
Butter	in Pfanne erhitzen, Teig für einen dicken Pfannkuchen dazugeben, backen lassen, bis die Oberseite stockt, umdrehen und in der Pfanne in kleine Stücke zerpflükken, gelbbraten und warmstellen

Mit Zucker bestreuen, dazu Apfelmus oder Kompott.

Gefüllte Flädle
Teigrezept (siehe Suppeneinlagen S. 80)

Füllung süß

Nußquark:	
3 EL Quark Etwas Honig Einige Nüsse	mit Honig leicht süßen, Nüsse fein reiben und unterrühren, evtl. einige Rosinen dazugeben, Pfannkuchen bestreichen, aufrollen
Holunder-, Heidelbeer-, Himbeer- oder sonstige Marmelade	Pfannkuchen dünn damit bestreichen und aufrollen
Marmeladenquark:	
3 EL Quark Etwas Marmelade	miteinander verrühren, Pfannkuchen bestreichen und aufrollen

Füllung salzig

1 Scheibe corned beef, Leberpreßsack oder etwas Leberwurst	auf Pfannkuchen geben, aufrollen
Dicke Hackfleischsoße (s. Eiernudeln S. 57)	auf Pfannkuchen geben, aufrollen
Gedünsteter Spinat, etwas Quark, frische Kräuter, geriebener Käse	vermischen und auf Pfannkuchen geben, aufrollen

Die gerollten Flädle können nochmals kurz in der Pfanne knusprig gebacken werden.

Zu den salzigen Flädle gibt man etwas Gemüse, die süßen eignen sich als Nachtisch nach einer Gemüsesuppe.

Spätzle

Vier Portionen

Teig:

250 g Mehl, evtl. Vollmehl oder 1/2 Vollmehl, 1/2 Weißmehl
2 Eier
Ca. 1/8 l Wasser

Zutaten verrühren und mit dem Kochlöffel schlagen, bis der Teig glatt ist und Blasen bildet

Salzwasser

in einem weiten Topf zum Kochen bringen, Spätzle portionsweise vom Brett schaben oder durch die Spatzenpresse drücken. Im Salzwasser aufkochen lassen, mit dem Spatzenfänger herausfischen, abspülen und in einer Schüssel mit etwas Butter warmstellen, bis der Teig verarbeitet ist

Spätzle schmecken zu allen Gerichten mit viel Soße: Gulasch, Schmorbraten, sauren Bohnen. Ein Rest Spätzle in Butter angebraten, evtl. mit einem Ei zu einem Omelette überbacken, ist auch eine kräftige Beilage für Gemüsepüree und Gemüse aller Art. Dies ist ein Leibgericht unserer Tochter, besonders wenn die Spätzle von Hand geschabt sind.

Hafergrütze mit Gemüse

Vier Portionen

3 EL Öl	erhitzen
1 Zwiebel	kleinschneiden, anbraten
250 g Hafergrütze	dazugeben
3/4 l Brühe	aufgießen, aufpuffen lassen und bei kleiner Flamme 1/2 Std. garen lassen

Dazu eignet sich eine Gemüsesoße.

Gemüsesoße

Vier Portionen

3 EL Öl	erhitzen
1 Zwiebel	kleinschneiden und anbraten
Evtl. etwas Hackfleisch	anbraten
2–3 Fleischtomaten	häuten und kleinschneiden
Erbsen, Zucchinistückchen, Möhrenscheibchen, Selleriestückchen, Brokkoliröschen, gekochte grüne Bohnen, einige kleine Spinatblätter	die zerkleinerten Gemüse zu den Tomaten geben, würzen und köcheln lassen oder im Dampfkochtopf kurz aufkochen lassen, abschmecken
Oregano	

Polenta

Vier Portionen

1 l Brühe (mit Brühwürfel herstellen)	zum Kochen bringen
225 g feiner Maisgrieß	in die Brühe einstreuen, aufpuffen lassen und auf kleiner Flamme 20 Min. ausquellen lassen

1. Art:
Die heiße Masse auf eine mit Öl oder Wasser bepinselte Platte streichen, auskühlen lassen, in Rechtecke schneiden, schuppig in Auflaufform anrichten, mit Gemüsesoße übergießen und überbacken.

2. Art:

Polentascheiben	panieren
Mehl, 1 Ei, Semmelbrösel	die Polentascheiben darin wenden
Öl	im heißen Öl knusprig braten

Diese Art schmeckt zu verschiedenen Zubereitungsarten von Gemüse.

Hirse, gedünstet

Vier Portionen

2 EL Öl	in Topf erhitzen
1 kleine Zwiebel	kleinschneiden und anbraten
250 g Hirse	dazugeben, unterrühren
3/4 l Brühe	daraufgießen, bei kleiner Hitze ausquellen lassen

Beilagen: Gemüse jeder Art.

Grünkern (gekocht) Vier Portionen

1 l Wasser 1 TL Salz 250 g Grünkern, ganz oder geschrotet	Grünkernschrot oder Grünkerne ganz werden im kalten Wasser angesetzt, das Wasser wird zum Kochen gebracht, auf kleiner Flamme ausquellen lassen, ca. 1/2 Std.

Dieses Getreide wird beim Kochen sehr weich und schmeckt sehr mild, es paßt daher sehr gut in die Kinderküche. Dazu gibt es Gemüse oder Hackfleischsoße, Gemüse in heller Soße, evtl. wird das Gericht mit Käse überbacken. Gekochter Grünkernschrot kann auch ausgebacken (fritiert) werden.

Grünkern (fritiert) Vier Portionen

Grünkernschrot 3–4 Eier 4 EL Mehl	kochen (siehe oben), Grünkern, Eier und Mehl zu einem Teig verarbeiten
Öl	erhitzen, im heißen Öl kleine Küchlein goldgelb ausbacken

Gemüsereis Vier Portionen

2 EL Öl	erhitzen
1 kleine Zwiebel	kleinschneiden, anbraten
250 g Reis (Gemüsereis oder Voll-Rundkornreis)	dazugeben und kurz anbraten
3/4 l Brühe	auffüllen, zum Kochen bringen, zurückschalten, Reis ausquellen lassen
Lauchringe, Bohnen (gekocht), Erbsen, Tomaten (geschält und geschnitten), Gelbe Rüben (gerieben), Zucchini (geraffelt)	Gemüse vor Ende der Garzeit dazugeben, kurz mitgaren lassen
Evtl. Kokosraspel (oder andere Nüsse)	darüberstreuen

Kindern schmeckt dazu etwas Joghurt natur oder 1/2 rohes Ei, wodurch ein vollwertiges Essen zustande kommt.

Pualo mit Banane

Vier Portionen

Dieses Reisgericht entstammt der indischen Küche und wurde geschmacklich angepaßt, da die ursprüngliche Gewürzdosis zu groß ist.

2 EL Öl	erhitzen
1 kleine Zwiebel	feinschneiden und anbraten
250 g Reis	anbraten
3/4 l Brühe oder Wasser	daraufgießen
1 Lorbeerblatt 1 Zimtstange 2 Gewürznelken 1 TL Curry 1 Becher Joghurt 1/2 TL Curcuma oder 1 Messerspitze Safran 1 El Rosinen Geriebene Mandeln	Gewürze zum Reis geben und garen lassen, ca. 20 Min., bei Vollreis 30 Min., Gewürz im Joghurt verrühren, zum fertig gegarten Reis geben, unter den Reis mengen
1 Banane	halbieren und in Butter anbraten, zerkleinert unter die Portion des Kindes mischen

Die gebratene Banane eignet sich auch als Beilage für Erwachsene. Eine Omelette, ein Spiegelei oder Hackfleischküchlein bieten andere schmackhafte Möglichkeiten.

Kartoffelgerichte

Diesem Gemüse einen eigenen Abschnitt zu geben lohnt, da sich Kartoffeln sehr vielfältig zubereiten lassen. Viele dieser Zubereitungsarten sind in der modernen Küche vergessen worden. Doch sind sie bei Kindern oft sehr beliebt und stellen eine günstige Nährstoffkombination dar.

Einfach und schnell:

Pellkartoffeln — Vier Portionen

1 kg Kartoffeln	waschen
Salzwasser mit etwas Kümmel	zum Kochen bringen, Kartoffeln dazugeben und 25 Min. garen lassen, im Dampfkochtopf 5 Min.

Kartoffeln schälen, für die Kinder halbiert auf dem Teller servieren, dazu etwas Butter, Kräuterbutter, Saurer Rahm, Kräuterquark oder Frischkäse, mit gedünstetem Gemüse und evtl. einem Ei ein schmackhaftes Essen.

Bauernomelette — Vier Portionen

1 kg Pellkartoffeln	nicht zu weich kochen, in Scheiben schneiden, bei kleinen Kindern raffeln
2 EL Öl	erhitzen
1 kleine Zwiebel,	fein schneiden
Frühlingszwiebel oder Lauchzwiebel	im Öl kurz anbraten, Kartoffeln dazugeben, mitbraten,
4 Eier	schlagen, für eine Kinderportion reicht die Hälfte eines Eies aus, über die angebratenen Kartoffeln gießen, mit Deckel zudecken und stocken lassen

Bratkartoffeln | Vier Portionen

1 kg Pellkartoffeln	nicht zu weich kochen, raffeln oder in kleine Würfel schneiden
2 EL Öl	erhitzen
Zwiebeln (nach Geschmack)	wie bei Bauernomelette zugeben, Kartoffeln leicht knusprig braten

Kartoffelküchlein mit Quark | Vier Portionen

1 kg Kartoffeln 250 g Quark, Magerstufe 3 EL Grieß 2 EL Mehl 1 Ei Salz	am Vortag kochen, schälen und reiben, alle Zutaten zu einem festen Teig mischen und flache Küchlein ausformen
Öl	zum Ausbacken erhitzen, Küchlein darin goldgelb braten

Dies ist eine vollwertige Beilage für Gemüsegerichte, evtl. auch zu Fleischgerichten.

Kartoffelpuffer (selbstgemacht) | Vier Portionen

1 kg Kartoffeln	waschen, schälen, reiben,
2 Eier 2 EL Grieß Salz	mit den geriebenen Kartoffeln mischen
Öl	erhitzen, mit Eßlöffeln kleine Küchlein einlegen und goldgelb backen

Dazu Rührei und Gemüse, Gemüsepüree oder Apfelbrei.

Béchamelkartoffeln | Vier Portionen

1 kg Kartoffeln	als Pellkartoffeln nicht zu weich kochen, in Scheiben schneiden
2 EL Butter	zergehen lassen
Evtl. Zwiebel oder Lauchzwiebel	fein schneiden und andünsten

3 EL Mehl	dazugeben
1/4 l Wasser oder Brühe	in kleinen Mengen dazugeben und
Lorbeerblatt, Nelke	aufkochen lassen
1/4 l Milch	unter die Soße rühren, Kartoffeln in die Soße geben, vorsichtig erwärmen
2 EL süße oder saure Sahne	zum Verfeinern unterrühren
Etwas Zitronensaft oder Essig	zum Abschmecken

Dazu gedünsteter Lauch, Möhren, Brokkoli etc. Lauch und Möhren lassen sich auch mit Zwiebeln andünsten und dann in der Soße garen. Als selbständiges Gericht für die Kinder ein Eigelb unterrühren.

Saure Rädle — Vier Portionen

Zubereitung ähnlich wie Béchamelkartoffeln (siehe oben).

Statt Butter Öl	erhitzen
3 EL Mehl	darin bräunen
1 Zwiebel	feingeschnitten dazugeben
1/2 l Wasser	Soße langsam damit ablöschen
Lorbeerblatt, Nelke	in der Soße kochen lassen, Kartoffeln in der Soße erwärmen
Essig oder Zitronensaft	zum Abschmecken, für Kinder getrennt und nicht zu stark säuern

Kartoffel-Gemüse-Kasserolle — Vier Portionen

1 kg Kartoffeln	nicht zu weich kochen, in Scheiben oder Würfel schneiden
Frisches Gartengemüse (1 kg): Blumenkohlröschen, Bohnen, Erbsen, Möhren, Kohlrabi, Lauch, Mangold- oder Spinatblätter, junges Weißkraut, Sellerie	kochen oder dämpfen
Frühlingszwiebeln	schneiden und andünsten
Auflaufform	buttern, Kartoffeln und Gemüse schön einschichten
Zwiebeln	dazwischenlegen, leicht würzen
300 g süße Sahne	zusammen verrühren
3 Eigelb	über das Gemüse gießen, bei 200 Grad im Backofen überbacken

Dazu geröstete Brotscheiben verschiedener Brotsorten.

Bubaspitzle

Vier Portionen

Kartoffelteig herstellen wie für Kartoffelknödel — fingerdicke Würstchen daraus formen, in Salzwasser ziehen lassen, abseihen und kalt abspülen

Schmalz — erhitzen, Kartoffelwürstchen darin goldgelb braten

Zu Apfelkraut, sauren Bohnen und anderen Gemüsen mit Soße servieren.

Knödel, Klöße und Aufläufe

Mit Knödeln sind unsere Kinder immer zu begeistern. Die Knödel werden frisch zu Gemüse gegessen und noch lieber als Resteverwertung gewürfelt und angebraten. Ihr Nährwert ist zwar nicht gleichhoch wie der von Getreidegerichten einzuschätzen, sie liefern in der Hauptsache Kalorien. In der Zubereitung sind sie oft aufwendig. Sie sind schmackhaft und regen zum Verzehr anderer wichtiger Beilagen an.

Hefeknöpfle — Vier Portionen

500 g Mehl (1/2 Vollmehl)	in eine Schüssel geben
30 g Hefe 1 Prise Zucker 1/2 Tasse Milch, abgenommen von 1/4 l Milch 1 Ei 1 Prise Salz Restliche Milch	Hefe, Zucker und Milch verrühren, in eine Mehlkuhle einrühren und als Vorteig gehen lassen, alle Zutaten zu einem Hefeteig verkneten und ca. 15 Min. bei zugedeckter Schüssel ziehen lassen, Teig in 10 Teile teilen, Knödel formen
Salzwasser	in weitem Topf zum Kochen bringen, Knödel einlegen und 20 Min. ziehen lassen
30 g Butter	zergehen lassen
Semmelbrösel	darin anbräunen, über die Knödel streuen

Diese Knödel schmecken gut zu Speckbohnen, Sauren Bohnen, Apfelkraut, Gelbe Rüben in Sahnesoße oder angebraten zu Salat. Für die Erwachsenen eignet sich auch ein Schmorbraten. Um das Weißmehl zu bereichern, empfiehlt es sich, einen Teil des Mehles, ca. 1/4, aus frischgeschroteten Weizenkörnern zu beziehen.

Semmelknödel

Vier Portionen

6 alte Brötchen	in kleine Würfel schneiden
1 Bund Petersilie	schneiden
1 Zwiebel	feinschneiden
1 EL Butter	Petersilie und Zwiebel darin weichdünsten
1/8 l Milch	erhitzen und über die Brötchen gießen
1 Ei 3 EL Mehl	dazugeben, alle Zutaten zu einem festen Teig kneten, gleichgroße Teile abstechen, mit bemehlten Händen Knödel ausformen, evtl. Probeknödel kochen
Salzwasser	in einem weiten Topf zum Kochen bringen, Knödel einlegen und 15–20 Min. ziehen lassen

Tip: Ich schneide die Brötchen immer klein, die vom Frühstück übrig bleiben, so sammelt sich ein kleiner Vorrat Knödelbrot. Dazu Soße aus frischen Tomaten mit geriebenen Möhren, Erbsen oder Bohnen für die Kinder.

Kartoffelknödel

Vier Portionen

1 kg Kartoffeln 1 Ei 2 EL Mehl Etwas Petersilie, weichgedünstet Salz	am Vortag kochen, reiben und abtrocknen lassen, alle Zutaten zu einem Teig kneten, bei sehr nassen Kartoffeln empfiehlt es sich, einen Probeknödel zu kochen und evtl. die Mehlmenge zu erhöhen
Brotwürfel 1 EL Butter Salzwasser	die Brotwürfel knusprig braten, einige Stückchen in jeden Knödel geben, zum Kochen bringen, Knödel einlegen und 15–20 Min. ziehen lassen
30 g Butter	zergehen lassen
Semmelbrösel	in der Butter bräunen, über die fertigen Knödel gießen

Dazu gibt es Bratensoße und Gemüse jeder Art.

Reisberg

Vier Portionen

1 l Milch	den Reis in der kalten Milch aufsetzen
250 g Milchreis, evtl. Vollreis	zum Kochen bringen und ausquellen lassen
50 g Zucker	unter den gequollenen Reis rühren
20 g Butter 3 Eigelb	in eine Tasse geben, etwas heißen Reisbrei untermengen, Masse in den Topf zurückgeben und unterrühren
Butter	Auflaufform damit ausstreichen, Breimasse zu einem Teil einfüllen
Apfelkompott von 3/4 kg Äpfel	als zweite Schicht daraufgeben, mit dem restlichen Brei bedecken
3 Eiweiß, 2 EL Puderzucker	zu einem steifen Schnee schlagen, auf den Reis streichen und in der Backröhre hellbraun überbacken

Quarkgrießauflauf

Vier Portionen

1 l Milch	zum Kochen bringen
250 g Grieß	einstreuen und aufkochen lassen
2 Eigelb	unterrühren wie beim Reisberg
50 g Zucker 40 g Butter 150 g Quark	in die Grießmasse einrühren
2 Eiweiß	zu steifem Schnee schlagen und unterheben
Butter	Auflaufform damit fetten, Quarkgrießmasse einfüllen, bei 180°C ca. 3/4 Std. backen

Grießklöße

Vier Portionen

3/4 l Milch	zum Kochen bringen
250 g Hartweizengrieß	in die Milch einstreuen, aufpuffen und abkühlen lassen
1 Ei	unterrühren
Brotwürfel 1 EL Butter	in der Butter bräunen, gleichgroße Teile abstechen, Brotstückchen in die Mitte legen, Knödel ausformen
Salzwasser	zum Kochen bringen, Knödel einlegen und 10 Min. darin ziehen lassen, Semmelbrösel nach Belieben

Diese Knödel eignen sich zu Gemüsegerichten wie auch zu süßem Kompott.

Weißbrotauflauf

Vier Portionen

10–14 Scheiben altes Weißbrot

Butter	Brotscheiben damit bestreichen
Gouda oder Edamerkäse	die gebutterten Brotscheiben damit belegen, Brote schuppig in gebutterte Auflaufform legen
4 Eier 1/4 l Milch	verquirlen, über die Brotscheiben gießen und backen, 30 Min. bei 180 C°
1/2 l Milch 3 Eier	zu einer Eiermilch verschlagen und über die Brötchen gießen, bei 170 Grad im Backofen 1/2–3/4 Std. backen

Dazu Gemüse wie Spinat oder Lauch, für die Erwachsenen evtl. grüner Salat.

Alles, was knusprig ist, schmeckt

Manchmal gibt es Phasen, in denen die Kinder über alles mit Heißhunger herfallen, was in Fett gebacken ist. So aß eine Tochter am liebsten »Bubaspitzle«, der Knabe stand auf Fischstäbchen. Buletten und fritierte Gerichte in Abwandlungen sind auch sehr begehrt.

Diese »Knusperle« lassen sich abwandeln. Es läßt sich Gemüse »untermogeln«, das sonst oft nur unwillig verzehrt wird. Zudem kann man je nach Wunsch Küchlein, Würstchen oder kleine Kugeln formen.

Mais (fritiert) mit Gemüse	Vier Portionen
500 g Maiskörner, gekocht Geriebenes oder geraffeltes Gemüse: Möhre, Kohlrabi, Zucchini oder Lauch, Spinat, Mangold, etwas Frühlingszwiebel, fein gehackt, oder frische Erbsen 1 Ei 1 EL Mehl	alle Zutaten vermengen und in Öl kleine Küchlein goldgelb ausbacken

Fleischküchlein, bunt	Eine Portion
50 g Hackfleisch 1/2 Ei 1 EL Semmelbrösel Reis oder Hirse, gegart (Rest vom Vortag)	Fleischteig zubereiten, Küchlein oder Würstchen formen, in Öl ausbacken
Gemüse	kurz in Butter gedünstet und untermengen

Fischküchlein — Eine Portion

50 g Fischfilet, gesäubert und entgrätet 1/2 Ei 1 EL Semmelbrösel Evtl. etwas gedünsteter Spinat	im Fleischwolf zerkleinern oder mit Mixstab Fischteig herstellen, ausformen und in Öl ausbacken

Hirse (fritiert) mit Gemüse — Zwei Portionen

Ein Teil wird anstelle von Reis als Beilage gegessen, der andere Teil am nächsten Tag zu Fritiertem verarbeitet.

1,5 dl Wasser 50 g Hirse, ungemahlen	Hirse ins kalte Wasser einstreuen, aufkochen lassen, 10 Min. leicht kochen lassen, Portion teilen
Fritüren: Gekochte Hirse 1 Ei 1 EL Mehl Rohes Gemüse	Zutaten vermengen, Küchlein in Öl ausbacken, siehe Rezept: Mais (fritiert) S. 73

Gemüse im Schlafrock — Vier Portionen

Diese Art der Gemüsezubereitung entstammt der italienischen Küche, in der Parmesankäse beigemengt wird. Für Kinder ist dieser Geschmack oft zu intensiv.

Gemüse verschiedener Art (ca. 1 kg): Rosenkohl, Möhren, Paprika, Zucchini, Blumenkohl, Kohlrabi	in Salzwasser fast fertig garen
Teig zubereiten aus: 250 g Mehl 3 Eier Milch (nur so viel, daß ein dickflüssiger Teig entsteht)	Gemüsestückchen in den Teig tauchen und schwimmend ausbacken

Zu diesen Gerichten schmeckt eine Joghurtsoße. Diese ergänzt das Essen sinnvoll mit Eiweißstoffen.

Grießschnitten — Vier Portionen

1/2 l Milch	zum Kochen bringen
140 g Vollgrieß	in die kochende Milch einstreuen
2 Eigelb	und zu einem dicken Brei aufkochen lassen, abkühlen lassen und ein Eigelb unterrühren

Den Brei auf ein mit Wasser überspültes Kuchenblech ausstreichen, gut auskühlen lassen, in kleine Schnitten schneiden, panieren und in heißem Öl goldgelb braten. Paniert werden die Schnittchen mit Mehl, zerschlagenem Ei und Semmelbrösel.

Hierzu kann am ersten Tag etwas Rahmgemüse gegeben werden, am zweiten Tag werden die Schnitten im Toaster aufgewärmt, mit Zucker und Zimt bestreut und süß mit Kompott oder Mus gegessen.

Gemüse (fritiert) — Eine Portion

1 kleine Zucchini	raffeln
oder 1 kleiner Kohlrabi	reiben
oder etwas Spinat oder Mangold	kurz dünsten und hacken
2 EL Semmelbrösel oder Weizenschrot oder gekochte Hirse	zum Gemüse geben und damit die Flüssigkeit aufsaugen lassen
1 Ei	dazugeben und zu einem Teig verrühren
Wenig Salz	
Öl	kleine Küchlein darin goldgelb ausbacken

Dazu: Joghurt oder Soße nach Wahl

Tomatensoße — Eine Portion

1 TL Butter	erwärmen
Tomatenmark oder Püree aus frischen Tomaten	dazugeben
Evtl. etwas Flüssigkeit	aufkochen lassen und abschmekken, evtl. mit frischen Kräutern

Käsesoße	Eine Portion
1 TL Butter 1 TL Mehl	helle Einbrenne herstellen
1/2 Tasse Gemüsebrühe oder Milch	Flüssigkeit in kleinen Mengen von der Fett-Mehl-Mischung aufsaugen lassen
1 EL Frischkäse oder 1 EL geriebener Hartkäse	in die Soße unterrühren und abschmecken

Suppen und Süppchen

Suppe ist seit langer Zeit die Leibspeise unserer Töchter. Sie ist besonders beliebt bei Krankheiten, Müdigkeit oder Sommerhitze. Natürlich lohnt es nicht, eine Gemüsebrühe oder Fleischbrühe für die Kleinen ausschließlich zu kochen, am besten plant man Suppen in den Speiseplan der ganzen Familie mit ein. Einige Suppen erfordern nur wenig Aufwand und können bei Bedarf auch mal schnell eigens für das Kind gekocht werden.

Zur Erinnerung das Rezept für die altbekannte Fleisch- oder Knochenbrühe:

Brühe

Einige Rindsknochen, evtl. ein Markknochen, evtl. ein kl. Stück Suppenfleisch, Zwiebel, Lauch, Sellerie und Möhre	alle Zutaten in kaltem Wasser aufsetzen und langsam bei milder Hitze auskochen lassen, 1–2 Std.

Gemüsesuppe für die ganze Familie

Gemüse der Saison: Blumenkohlröschen, Möhre, Kohlrabi, Lauch, Frühlingszwiebel, Rosenkohl, Kartoffeln, Spargel, Bohnen, Erbsen	Gemüse waschen, putzen, evtl. grob zerkleinern, in Butter andünsten, mit Wasser aufgießen und weichkochen. Bei sehr kleinen Kindern wird die Suppe mit dem Mixer zerkleinert oder durch ein Sieb gestrichen

Diese Suppe läßt sich sehr gut im Dampfkochtopf zubereiten, günstig für die Nährwerterhaltung.

Tomatensuppe	Eine Portion
Einige Tomaten (2–3)	grob zerkleinern, weichdünsten, pürieren
1 TL Butter	zergehen lassen
1 EL Mehl	zur Butter geben, mit dem Tomatenpüree langsam ablöschen, evtl. mit Milch oder Wasser etwas verdünnen, abschmecken, mit Dill, gedünsteter Petersilie oder Schnittlauch begrünen

Lauchsuppe	Eine Portion
1 kleine Stange Lauch	gut waschen, in feine Ringe schneiden, bei ganz kleinen Kindern diese hacken oder wiegen
1 TL Butter	Lauch darin andünsten
1 EL Mehl oder Weizenschrot	dazugeben, vermengen und langsam ablöschen
1 Tasse Wasser	

Blumenkohlsuppe	Eine Portion
Blumenkohlröschen	in Salzwasser garen
1 TL Butter	helle Einbrenne herstellen (Butter zergehen lassen, Mehl einrühren, langsam ablöschen)
1 EL Mehl	
Kochwasser, Wasser oder Milch	
Als Einlage: Goldwürfel (S. 80)	

Spinatsuppe	Eine Portion
Spinatblätter	in Butter weichdünsten, hacken
1 TL Butter	Einbrenne herstellen, ablöschen,
1 EL Mehl	Spinat dazugeben, aufkochen
Wasser	lassen
Evtl. etwas Muskat	zum Abschmecken
Einlage:	
1 Ei	zerschlagen, als Omelette braten, in Streifen schneiden

Kräutersuppe	Eine Portion
1 TL Butter 1 EL Mehl	helle Einbrenne herstellen
Wasser oder Fleischbrühe	ablöschen
Feingewiegte Kräuter: Kerbel, Zitronenmelisse, Petersilie	kurz in der Suppe weichkochen
Etwas Rahm	Suppe damit abschmecken

Kartoffelsuppe	Vier Portionen
500 g Kartoffeln	schälen, grob zerkleinern
1–2 Möhren 1 Zwiebel Etwas Lauch, Sellerie	alle Zutaten grob zerkleinern
3/4 l Wasser	Gemüse darin sehr weich kochen (Dampfkochtopf), im Mixer pürieren oder durch ein Sieb streichen, nochmals wärmen
Etwas Butter oder Rahm	zur Verfeinerung
Für die Erwachsenen:	
1 Zwiebel Butter	fein schneiden, in Butter goldbraun braten
Für die Kinder:	
1 EL Semmelbrösel, Weizenschrot oder Haferflocken Butter	ebenfalls goldbraun braten

Mit Fleischwurst gibt dies ein einfaches Essen für die Erwachsenen, für die Kinder wird die Suppe mit einem Eigelb ergänzt.

1 Eigelb	in einer Tasse zerschlagen
Etwas Suppe	in die Tasse geben, verrühren, die Mischung wieder unter die Suppe rühren, so flockt das Eigelb nicht aus

Frische Suppeneinlagen für Brühe

Wer einen eigenen Garten hat, wird wohl immer etwas finden, womit er die Suppen verändern und anreichern kann. In jedem Gemüsemarkt gibt es zu jeder Saison Gemüse, das sich schnell verarbeiten läßt und Farbe wie Geschmack verändert.

Vorschläge

Möhren, Kohlrabi, Zucchini reiben, in Butter kurz andünsten, mit Brühe auffüllen oder dieselben Gemüse in die kochende Suppe reiben, aufwallen lassen und servieren oder Lauch, Spinat, Mangold fein hacken und in die kochende Brühe geben oder Erbsen in der Portionsmenge kochen oder Frühlingszwiebeln und Zwiebelrohr fein wiegen und mitkochen lassen.

Sättigende Suppeneinlagen

Einige fertige Suppeneinlagen sind oft ein hilfreicher Vorrat und werden von den Kindern gerne gegessen. Soll die Suppe ein Essen ersetzen oder helfen, ein krankes oder appetitschwaches Kind wieder aufzupäppeln, ist eine gute Einlage schnell selbst gemacht.

Fertige Einlagen

Nudeln, Backklößchen, Backerbsen.

Selbsthergestellte Suppeneinlagen

Goldwürfel	Vier Portionen
2 alte Brötchen	in Würfel geschnitten
2 Eier	zerschlagen
4 EL Milch	unterrühren, die Eiermilch über die Brötchenwürfel gießen, einsaugen lassen
Butter	damit goldgelb backen

Eierstich — Vier Portionen

2 Eier	zerquirlen
6 EL Milch	unterrühren
Schnittlauch, Kerbel	beimengen, mit wenig Salz abschmecken, evtl. Muskat
Butter	kleines Schüsselchen fetten, Eiermilch einfüllen und zugedeckt im Wasserbad langsam stocken lassen, stürzen und in Würfel schneiden

Grießklößchen — Vier Portionen

40 g Butter	schaumig rühren
1 Ei	einrühren
4 EL Grieß	untermengen, 1/2 bis 1 Std. stehen lassen, mit 2 Teelöffeln Klößchen formen, in die kochende Brühe einlegen und bei kleiner Hitze garen lassen

Markklößchen — Vier Portionen

60 g Rindermark oder 30 g Mark und 30 g Butter	Mark aus den Knochen holen, in der Pfanne flüssig werden lassen, abkühlen lassen, dann schaumig rühren
60–80 g Semmelbrösel 2 Eier	unterrühren, 1 Std. stehen lassen, Klößchen wie Grießklößchen arbeiten

Gebrannte Grießsuppe — Vier Portionen

2 TL Butter	zergehen lassen
2 EL Grieß	anbräunen lassen
Fleisch oder Gemüsebrühe	damit auffüllen und kurz kochen lassen
2 Eigelb	Suppe damit legieren

Flädlcssuppe

Vier Portionen

Ein Flädle vom Vortag, in feine Streifen geschnitten, bildet eine beliebte Suppeneinlage.

Flädle:

125 g Mehl	in Schüssel geben
1/4 l Milch	langsam dazurühren
1 Ei	unterrühren
Margarine	zum Ausbacken, kleine Teigmenge in das heiße Fett einlaufen lassen, dünn ausstreichen, nach dem Stocken wenden

Gefüllt schmecken Flädle besonders lecker, fein geschnitten lassen sie sich trocknen oder einfrieren.

Nachtische

Wie bereits erwähnt, haben die Nachtische die Aufgabe, das Bedürfnis der Kinder nach Süßem zu stillen. Der Nachtisch bietet auch die Möglichkeit, ein schnelles und nicht so vollkommenes Essen sinnvoll mit Nährstoffen zu ergänzen. Im allgemeinen sind diese Speisen bei Kindern beliebt, sie runden den Geschmack nach einem würzigen Essen ab, und wer Glück hat, kann so seine Kinder zufrieden zum Mittagsschlaf hinlegen.

Die Zuckermenge kann bei eigener Zubereitung gesteuert werden, dadurch werden eine übermäßige Zuckerzufuhr und eine Geschmacksgewöhnung vermieden. Obst eignet sich immer für Nachtische, und da dieses eigene Süßkraft hat, muß nicht zuviel gezuckert werden. Obstspeisen sind besonders wichtig, wenn im Haushalt mal ein bißchen »geschlampert« wird. Auch eine selbstversorgende Mutter sollte sich diese Möglichkeit manchmal gönnen, ihre gute Laune ist ebenso wichtig wie die gesunde Ernährung des Kindes. Gibt es aus Zeitgründen oder im Urlaub nur Eiernudeln oder Bauernfrühstück, so gleicht ein Obstsalat die fehlenden Mineralstoffe und Vitamine aus. Nach einer schnellen Gemüsesuppe liefert ein Obstquark das fehlende Eiweiß. Vergessen wir auch nicht, daß Nachtisch Laune macht und etwas »päppeln« hilft. In appetitarmen Zeiten tut ein Pudding gut, und Schnee-Eier sind eine kleine Köstlichkeit.

Für kleine Kinder

Obstbreie, roh

Banane, Pfirsich, Apfel, Birnen, Erdbeeren, Himbeeren oder Aprikosen nach Wahl oder auch vermischt schälen und reiben oder zerdrücken oder im Mixer zerschlagen. Mit Honig oder wenig Zucker süßen, evtl. mit einigen Tropfen Zitronensaft abschmecken und anreichern. Bei sehr flüssiger Konsistenz den Brei mit Schmelzflocken oder Instantflocken andicken:

- einige Nüsse gerieben darüberstreuen,
- bei älteren Kindern Rosinen dazugeben,
- je nach Laune und Kind vielleicht mit etwas Schlagsahne verzieren,
- kalorienärmer ist geschlagener leicht gesüßter Eischnee.

Obstsalat (div. Möglichkeiten)

Obst je nach Laune und Anfall waschen, schälen, fein zerkleinern, mit etwas Honig oder Zucker süßen, einige Tropfen Zitronensaft dazugeben. Geeignetes Obst: alles Beerenobst, vielleicht auch mal selbstgesammelte Wildbeeren, Apfel und Birnen, feingeschnitten, Bananen, Orangen (Schneidetrick: Orangen schälen, halbieren, die Hälften in Scheiben schneiden und diese dann kreuzweise schneiden):
- bei kleinen Kindern geschälte Mandarinenschnitze,
- Trauben, große Früchte schälen und entkernen,
- Pfirsiche und Aprikosen,
- im Winter ist auch geschnittenes Trockenobst bereichernd und schmackhaft.

Fruchtsülzen — Vier Portionen

Erdbeeren, Himbeeren, Brombeeren, rote und schwarze Johannisbeeren	Früchte im Mixer zerkleinern, süßen nach Geschmack
Auf 1/2 l Fruchtmark 5 Blatt Gelatine	einweichen und nach Anweisung auflösen und zu den Früchten geben

Verwendet man 6 Blatt, wie die Gebrauchsanweisung angibt, so wird die Speise für kleine Kinder zu fest.

Äpfel lassen sich auch zu Apfelbrei verarbeiten, Gelatine wird zum Steifen hinzugefügt. Äpfel und Birnen können bei größeren Kindern geraffelt werden: in wenig Wasser aufkochen, süßen und steifen. Dazu gibt man Vanillesoße oder einfacher und kalorienärmer Vanillemilch:

Milch mit wenig Zucker süßen und etwas Vanilleschotenmark zufügen. Diese Nachtische sind besonders an heißen Tagen erfrischend.

Quarkspeisen (einfach und schnell)

Eine Portion

3 EL Quark	
Weiche Marmelade	zusammen verrühren
1 Apfel roh oder	reiben
1 Birne roh oder	reiben
1 Orange	kleinschneiden
1 Orange oder Mandarine	auspressen

Mit mehr Arbeit verbunden:

Schwarze Johannisbeeren	leicht zuckern
Erdbeeren	kleinschneiden, zuckern
Pfirsiche	schneiden
Quark	mit etwas Milch sämig rühren, zuckern
Nüsse	mahlen

Quarkspeise (locker)

Vier Portionen

300 g Quark	mit Zucker und Eigelb verrühren
1 Eigelb	
Zucker	
Obst	untermengen
1–2 Eiweiß	zu Schnee schlagen und unterheben

Joghurt-Sulz

Vier Portionen

1/2 l Joghurt	Zutaten vermengen und süßen
Früchte oder Fruchtmark	
5–6 Blatt Gelatine	einweichen, auflösen, unterrühren und kaltstellen

Bei einer Gelatinemenge von 6 Blatt auf 1/2 l läßt sich die Mischung in kleine Förmchen füllen und kann dann gestürzt in Fruchtsoße oder Vanillesoße serviert werden.

Vanillecreme Vicr Portionen
Flammeri (Pudding)
Halbfertig in der Tüte zu kaufen

1/2 l Milch	
Vanilleschotenmark 1 Eigelb 2 EL Zucker 3 EL Stärkemehl	aus der Schote herauskratzen und in die Milch geben, alle Zutaten in der kalten Milch verrühren, Milch unter Rühren zum Kochen bringen, aufpuffen lassen
Eiweiß	zu Schnee schlagen, die heiße Flammerimasse in Portionen zum Eischnee geben, zuerst unterrühren, dann unterheben

Sauermilch- oder Buttermilchspeise Vier Portionen

1/2 l Sauermilch oder Buttermilch 80 g Zucker Zitronensaft	alle Zutaten zusammen verrühren, Gelatine einweichen und lösen
6 Blatt Gelatine	unterrühren

Mit Obstsaft oder Vanillemilch servieren.

Wer's gerne bunt mag, verwendet 5 Blatt weiße und ein Blatt rote Gelatine. Speisen, die sehr steif werden sollen, müssen rechtzeitig kaltgestellt werden: also am Morgen zubereiten, wenn sie zum Mittag gegessen werden sollen.

Schnee-Eier oder Schaum-Eier Vier Portionen

1 1/4 l Milch Mark von 1/2 Vanilleschote	Milch in einem weiten Topf zum Kochen bringen
4 Eiweiß	zu steifem Schnee schlagen
Zitronensaft	dazugeben
60 g Puderzucker	unterziehen, aus der steifen Masse mit zwei Eßlöffeln Eier formen, in die leise kochende Milch einlegen und zugedeckt köcheln lassen, ca. 3 Min., dann vorsichtig wenden und weitere drei Minuten ziehen

lassen, Eier mit dem Schaumlöffel herausnehmen und erkalten lassen

3–4 Eigelb
60 g Zucker
20 g Stärkemehl

mit Zucker und Stärkemehl verrühren, Vanillemilch unter Rühren dazugeben, erhitzen und unter Rühren aufpuffen lassen

Die Creme in eine Schüssel geben und die Schnee-Eier darauflegen.

Abendbrot

Fällt am Abend der Brei für das Kind weg – meist lehnen die Kinder ihn nach einiger Zeit ab –, muß für diese Mahlzeit ein sinnvoller Ersatz gefunden werden. Wurst ist wohl bei den Kindern beliebt, aus der Sicht der Ernährungswissenschaft jedoch nicht so sehr empfehlenswert. Käse lehnen viele Kinder lange ab, so wird die abwechslungsreiche Gestaltung des Abendbrotes problematisch.

Erfolg hatte ich bei unseren Töchtern mit Nußmus. In Reformhäusern und Reformabteilungen des Supermarktes gibt es eine gute Auswahl, die sich dann auch noch beliebig verändern läßt. Wir rühren einmal etwas Zitronensaft unter, belegen das Brot mit Apfelschnitzchen, mischen mit zerdrückter Banane, so schmeckt es immer etwas anders. Mit Obst und Butter läßt sich ein schmackhaftes Vesperbrot richten. Vollkornbrot, gebuttert, wird mit Bananenscheiben belegt, zum Butterbrot gibt es Obstschnitzchen etc.

Nach einem anstrengenden Nachmittag, z. B. nach dem Schwimmen, Turnen oder nach einem längeren Ausflug, essen unsere Töchter auch gerne mal eine Omelette (ein Ei für zwei reicht aus), ein Müsli oder ein bißchen Suppe mit Einlage.

Brotbelag ohne Wurst

Grundmasse Butter:

Kräuterbutter — Eine Portion

1 EL Butter	zerdrücken
1 EL Kräuter (Zitronenmelisse, Dill, Schnittlauch)	fein wiegen und in die Butter einarbeiten
Zitronensaft, Salz	abschmecken

Zur Kräuterbutter: Karottenstifte, Gurkenscheiben.

Butterbrote

- Butterbrot mit Bananenscheiben belegt;
- Butterbrot mit Honig, Bananenscheiben und Zitronensaft;
- Butterbrot mit Obstschnitzchen: feine Apfelschnitze, Aprikosenschnitze, Pfirsichscheiben, geschälte, halbierte Trauben, Mandarinenschnitzchen, bei kleinen Kindern evtl. schälen, Beerenobst.
- Butterbrot mit geraspelten Äpfeln, etwas gesüßt, mit Zitronensaft und Rosinen,
- Butterbrot mit Radieschenscheiben und Quarksoße (1 EL Quark mit 1 EL Milch verrühren, Salz, evtl. Schnittlauch dazugeben).

Nußmus

Im Handel erhältlich mit Honig gesüßt, neutral oder schwach gesalzen aus verschiedenen Nußsorten.
- Brot mit süßem Mus wird mit Obst aufgefrischt,
- Brot mit neutralem Mus mit Obst oder feinem Gemüse (Möhren, junge Erbsen)

Eier

Omelette, natur — Eine Portion

1 TL Butter	erhitzen
1 Ei	zerschlagen
2 EL Milch	unterrühren, Eiermilch in dem Fett stocken lassen

Für das Abendbrot reicht normalerweise eine halbe Omelette mit Brotstückchen, die andere Hälfte kann am nächsten Tag für ein Mittagessen weiterverwendet werden.

Omelette mit Kräutern

Zubereitung wie oben, jedoch feingewiegte Kräuter oder etwas frische Kresse unterrühren oder zuerst in der Pfanne andünsten, dann die Eiermilch zugeben.

Eine Portion

Gefüllte Eier

Eigelb ist bei vielen Kindern nicht beliebt, daher wird es hier mit feuchteren und würzigen Zutaten vermengt.

1 Ei	hart kochen, schälen, halbieren, Eigelb herausholen, mit etwas
Butter, Quark oder Frischkäse	zerdrücken, evtl. Kräuter untermengen, Masse mit Teelöffel in die Eiweißform geben

Eierbrot

1 Ei kochen, Eigelbmasse zubereiten wie oben, Eigelbmasse auf Brot streichen, gehacktes Eiweiß daraufstreuen. Manchmal schmeckt auch ein Spiegelei, vielleicht im Erbsenbett!

Rohkost

Müsli

Eine Portion

1 EL Haferflocken	grobe Flocken am Nachmittag in
4 EL Milch	Milch einweichen
Obst nach Jahreszeit	kurz vor dem Essen zerkleinern,
1 TL Honig	alle Zutaten vermengen, evtl. ei-
Geriebene Nüsse	nen Eßlöffel Joghurt daraufgeben
Rosinen	oder etwas halbsteife Schlagsahne
Zitronensaft	

Literaturhinweise

Ernährungslehre für Krankenpflegeberufe, H. J. Holtmeier, Thieme Vlg., Stuttgart 1977

Chemie in Lebensmitteln, Katalyse-Umwelt-Gruppe, Köln 1981

Die große Nährwerttabelle, Gräfe und Unzer Vlg., München 1982

Die Ernährung des Kleinkindes und des Schulkindes, Aktion Ernährung und Bewegung, Zentrale für gesundheitliche Aufklärung, Bonn 1977

Ernährung von Säugling und Kleinkind, Zentrale für gesundheitliche Aufklärung, Bonn 1977

Gesunde Kinder durch vollwertige Kost, H. Mommsen, Bircher-Benner Vlg., Zürich 1980

Bayerisches Kochbuch, M. Hofmann/H. Lydtin, Birken-Vlg., München 1967

Kochen und Backen nach Grundrezepten, L. Haarer, Burgbücherei W. Schneider, Baltmannsweiler 1967

Verzeichnis der Rezepte